Torsten Arnold

IT-Dienstleistungen für Kommunen

Unter besonderer Berücksichtigung des neuen Steuerungsmodells

Torsten Arnold

IT-Dienstleistungen für Kommunen

Unter besonderer Berücksichtigung des neuen Steuerungsmodells

diplom.de

Bibliografische Information der Deutschen Nationalbibliothek:

Bibliografische Information der Deutschen Nationalbibliothek: Die Deutsche
Bibliothek verzeichnet diese Publikation in der Deutschen Nationalbibliografie;
detaillierte bibliografische Daten sind im Internet über http://dnb.d-nb.de/ abrufbar.

Copyright © 1996 Diplomica Verlag GmbH
Druck und Bindung: Books on Demand GmbH, Norderstedt Germany
ISBN: 978-3-8386-4002-0

Torsten Arnold

IT-Dienstleistungen für Kommunen
Unter besonderer Berücksichtigung des neuen Steuerungsmodells

Diplomarbeit
an der Fachhochschule für Technik und Wirtschaft Berlin
Fachbereich Fachbereich 5, Betriebswirtschaft
Lehrstuhl für Prof. Dr. Friedrich Loock
Juli 1996 Abgabe

Diplom.de

Diplomica GmbH
Hermannstal 119k
22119 Hamburg

Fon: 040 / 655 99 20
Fax: 040 / 655 99 222

agentur@diplom.de
www.diplom.de

ID 4002

ID 4002
Arnold, Torsten: IT-Dienstleistungen für Kommunen · Unter besonderer Berücksichtigung
des neuen Steuerungsmodells
Hamburg: Diplomica GmbH, 2001
Zugl.: Berlin, Fachhochschule für Wirtschaft und Technik, Diplomarbeit, 1996

Diplomica GmbH
http://www.diplom.de, Hamburg 2001
Printed in Germany

Inhaltsverzeichnis

Abbildungsverzeichnis

0   Einführung

Öffentliche Verwaltung und Wirtschaftlichkeit - das waren lange Zeit zwei Welten mit nur sehr wenigen Gemeinsamkeiten. Die öffentliche Hand, egal auf welcher Ebene, schien ganz anderen Kriterien unterworfen zu sein, als denen rationaler Wirtschaftlichkeit. Sie hatte bis zu diesem Zeitpunkt ihre eigenen Gesetze und wuchs nach eigenen Regeln. Die Aufgaben und die dafür benötigten Mittel schienen unbegrenzt.

Doch die tiefgreifenden Veränderungen der heutigen Zeit haben die Grenzen aller Ressourcen und damit auch die Defizite sichtbar gemacht, die eine nicht an Wirtschaftlichkeitskriterien orientierte staatliche Tätigkeit verursacht. Daraus ergeben sich die kaum mehr zu bewältigenden Ausgaben und Folgekosten sowie die Lähmung menschlicher Antriebskraft und Initiative durch eine anreizarme, leistungshemmende Organisation der öffentlichen Verwaltung. Das Resultat ist unmißverständlich: Deutschland verwaltet sich mit Managementstrukturen von gestern zu teuer, zu einfallslos und zu starr und kann sich das nicht mehr leisten.

Deshalb werden immer häufiger Forderungen nach Bürgernähe, Kostensenkung, Effizienz und Wirtschaftlichkeit an die öffentliche Verwaltung gerichtet. Dabei geht es vor allem darum, wie die öffentliche Verwaltung die ständig wachsenden Aufgaben und die immer komplexer werdenden Zusammenhänge rationeller und effizienter erbringen kann. Mit der Ausgangslage und dem gegenwärtigen Steuerungskonzept in Deutschland, den Überlegungen zu einem neuen Steuerungskonzept - mit seinen Zielen und Elementen - und ausländischen Erfahrungen mit Reformen in den öffentlichen Verwaltungen befaßt sich der erste Abschnitt dieser Diplomarbeit.

Die durch das Neue Steuerungsmodell gestellten Anforderungen speziell an die Qualität, die Flexibilität, die Reaktionsgeschwindigkeit, den Kostendruck und die Kundennähe sind in der heutigen Zeit nicht ohne soliden, auf die spezifischen Zustände zugeschnittenen Einsatz moderner Informations- und Kommunikationstechnik zu bewerkstelligen. Der gezielte Einsatz von Informationstechnik ist als eine Grundvoraussetzung für einen erfolgreichen Reformkurs der Kommunen zu sehen. Aufgrund der begrenzten Ressourcen in den Kommunen - sowohl beim Personal, beim Know-how und beim Geld - stehen die Kommunen vor gewaltigen Problemen bei der Realisierung der geplanten Projekte.

Dies haben auch die Unternehmen der IT-Branche erkannt und bieten den Kommunen seit einigen Jahren verstärkt externe Unterstützung bei der Vorbereitung und Durchführung der Projekte an. Der zweite Abschnitt dieser Arbeit zeigt Möglichkeiten auf, wie die Kommunen durch externe Dienstleistungen bei der Planung und Realisierung ihrer Projekte und Vorhaben unterstützen werden können.

Im Hinblick auf die von der Verwaltungsreform geforderte Konzentration auf das eigene Kerngeschäft befaßt sich der dritte Abschnitt dieser Arbeit mit dem Thema „Outsourcing" im Bereich der Datenverarbeitung in der öffentlichen Verwaltung. Hier soll hinterfragt werden, welche Aufgaben die Kommunen im Bereich der Datenverarbeitung wirklich selber erbringen müssen und welche Aufgaben sie aus wirtschaftlichen, strategischen, personellen oder leistungsbezogenen Gründen auslagern können. Dabei sollen die Gründe, das Leistungsspektrum, die Struktur der Outsourcing-Anbieter und Möglichkeiten zur Bewertung näher erläutert werden, bevor im vierte Abschnitt anhand des Beispieles der Senatsbibliothek Berlin ein Outsourcing-Projekt von der Idee bis zur Umsetzung dargestellt wird.

Im fünften und letzten Abschnitt sollen dann durch den Verfasser zukünftige Entwicklungen, Tendenzen und Möglichkeiten dargestellt werden, die Unterstützung durch externe Dienstleister weiter auszubauen.

1 Kommunen im Wandel

Die Ausgangslage deutscher Kommunen, das gegenwärtige Steuerungskonzept und die Überlegungen zu einem neuen Steuerungskonzept, mit den Zielen und Elementen sollen Schwerpunkt dieses Abschnittes sein. Hinzu kommt ein Überblick über die Reformbemühungen und Reformansätze in anderen Staaten und die Frage der Übertragbarkeit ausländischer Reformansätze auf deutsche Kommunen.

1.1 Ausgangslage in Deutschland

Nicht oft standen die Mitarbeiter der öffentlichen Verwaltung in Deutschland einer Entwicklung gegenüber, die ein ähnlich großes Veränderungspotential enthielt, wie die momentanen Überlegungen einer Verwaltungsreform.

Noch vor einigen Jahren konnten die Kommunen auf gestiegene Leistungsanforderungen mit einer Erhöhung ihrer Einnahmen reagieren. Ein personell erweiterter, in seiner Struktur jedoch gleichbleibender Verwaltungsapparat verrichtete die hinzugekommenen Aufgaben. Das Ende der Wachstumsära und die zunehmenden finanziellen Belastungen bringen die Kommunen heute in die Zwangslage, wachsende Leistungsansprüche mit eingeschränkten Ressourcen befriedigen zu müssen. Die Möglichkeit des Größenwachstums ist nicht mehr gegeben. Hinzu kommt, daß die Bevölkerung immer häufiger mit den Ergebnissen des öffentlichen Verwaltens unzufrieden ist und daß die Mitarbeitermotivation stetig abnimmt.

Vermehrt sind seit einiger Zeit Schlagwörter wie:[1] New Public Management, Agency-Modell, Neues Steuerungsmodell, Kontraktmanagement, Förderales Verwaltungskonzept, Holdingstrukturen, Konzernmodell, Public Private Partnership, Dienstleistungsunternehmen öffentliche Verwaltung, Outsourcing, Lean Management, Privatisierung, Schlanke Verwaltung, Strategische Allianzen, Rückbau des Staates, Behördenwettbewerb, Entbürokratisierung, Benchmarking, Controlling, Value for money, Total Quality Management, Unternehmen Stadt, Verwaltungsmodernisierung, Verwaltungsreform oder Dezentrale Ressourcenverantwortung in deutschen Kommunen zu hören, wenn es um die Diskussion neuer Reformansätze in Behörden und Verwaltungen Deutschlands geht.

---

[1] vgl. dazu beispielsweise: Reinermann, H. (1994), S.4

Dabei reicht die Diskussion von denen, die mit ganz konkreten, zum Teil mit dem Namen ausländischer Städte verbundenen Reformansätzen werben und die deren Einführung auch in Deutschland fordern, bis zu jenen, die diese Ansätze für die deutsche öffentliche Verwaltung ablehnen.

Das gegenwärtige Steuerungskonzept und die Situation in der öffentlichen Verwaltung lassen sich wie folgt beschreiben.

1.2 Gegenwärtiges Steuerungskonzept

Durch starre Haushalts- und Gemeindeverordnungen arbeitet die öffentliche Verwaltung unter ganz streng vorgegebenen Rahmenbedingungen, die die Arbeitsgänge schwerfällig machen und in der Regel einer wirtschaftlichen Handlungsweise im Wege stehen. Es existieren dadurch kaum Handlungsspielräume für die Mitarbeiter.

In der Verwaltung der heutigen Zeit liegen Fach- und Ressourcenverantwortung auseinander. Das bedeutet: Nicht dort wird über den Mittel- und Personaleinsatz entschieden, wo diese auch eingesetzt werden sollen. Auch dadurch werden die Flexibilität und die Handlungsspielräume weiter eingeschränkt.[1]

Auch im Personalbereich - das Personal ist in der öffentlichen Verwaltung die wichtigste Ressource und der größte Kostenfaktor - liegen Gründe für die momentanen Probleme. Die Bürokratie der deutschen Verwaltung ist durch starre Hierarchien und festgeklopfte Strukturen gekennzeichnet, wodurch der Einsatz eines engagierten Mitarbeiters häufig ausgebremst wird. Hinzu kommt, daß die Führungsmethoden veraltet sind und das für die Qualifikation der Mitarbeiter durchschnittlich nur ein Fünftel der Kosten für Weiterbildung ausgegeben wird, die im Vergleich dazu die private Wirtschaft investiert. Auch Motivationsanreize werden in der öffentlichen Verwaltung nicht eingesetzt. So werden beispielsweise überdurchschnittliche Leistungen unzureichend gewürdigt und schlechte Leistungen in keiner Weise geahndet.

Ein weiterer Grund für die unbefriedigende Situation der öffentlichen Verwaltung ist das von ihr benutzte Rechnungswesen - die Kameralistik. Die Kameralistik dient ausschließlich dazu, zu zeigen, wo in einem Jahr wieviel Finanzmittel ausgegeben wurden. In der Kameralistik werden die Kosten keinen Leistungen gegenübergestellt, was dazu führt,

---

[1] vgl. Schomburg, S. (1994), S.3

daß erstens nur der Aufwand betrachtet wird und nicht der Nutzen, der durch die Arbeit entsteht und zweitens ist mit Hilfe der Kameralistik nicht nachvollziehbar, wo wieviel Geld und Personal eingesetzt wurden. Es lassen sich mittels der Kameralistik praktisch keine Aussagen über die Wirtschaftlichkeit einer Einrichtung oder ihrer Tätigkeiten treffen.

Neben diesen Schwächen, die eher in der inneren Organisation der Verwaltung liegen, gibt es Kritikpunkte, die sich auf die Verwaltungssteuerung beziehen. Derzeit wird die Verwaltung über den „Input" gesteuert. Dies bedeutet, daß die Leistungserbringung durch die Verwaltungsführung nicht unmittelbar durch Vorgabe von Zielen und Kontrolle der Zielerreichung, sondern nur mittelbar mit Hilfe der Querschnittsämter, die die zur Leistungserstellung benötigten Ressourcen zuteilen oder vorenthalten, gesteuert wird.[1] Die Ergebnisse, der sogenannte „Output", der Verwaltungsarbeit wird also nicht direkt überprüft. Durch die derzeitige Steuerung der Fachämter der zentralen Zuteilung der Ressourcen wird ihr Aktionsspielraum angesichts der Verwendung der Ressourcen und der Organisation der Aufgabenerfüllung unangemessen eingegrenzt.[2] Die Fachbereiche sind demnach für die fachliche Seite der Aufgabenerfüllung verantwortlich, jedoch kaum oder nicht für die wirtschaftliche Verwendung der Ressourcen und die Organisation.

Die zentrale Ressourcen-Bewirtschaftung (insbesondere des Personals und der Finanzen) sowie die zentrale Organisation der Leistungserbringung sind gegenwärtig das vorrangige Steuerungsinstrumentarium der Verwaltungsführung. Diese gegenwärtigen Steuerungsinstrumente greifen größtenteils unter dem Gesichtspunkt der Ausgabenbegrenzung, nicht unter dem Blickwinkel der Leistungserstellung oder Leistungsumschichtung. Hinzu kommt, daß die Haushaltsstellungs- und Entscheidungsprozesse einen zu langen zeitlichen Vorlauf haben und ihnen mißverständliche Aufgabenstellungen und dementsprechend fragwürdige Bedarfsberechnungen zugrunde liegen. Heute gilt eine bloße Einsparung von Ressourcen häufig bereits als Erfolg. Das Verhältnis von Kosten und Leistungen gelangt leicht aus dem Blickfeld. Die Kritikpunkte an der öffentlichen Verwaltung lassen sich wie folgt zusammenfassen:

- Das alte Leitbild der Behörde - als Erfüller hoheitlicher Aufgaben - hat ausgedient und wird als unzeitgemäß empfunden. Die Bürger erwarten eine leistungsfähige, flexible und bürgernahe öffentliche Einrichtung, die mit gestiegener Qualität Verwaltungsaufgaben erfüllt.

---

[1] vgl. KGSt-Bericht 12/1991 (1991), S.12
[2] vgl. KGSt-Bericht 12/1991 (1991), S.14

- Die Arbeitsweise der öffentlichen Verwaltung wird als unflexibel bezeichnet, das heißt sie paßt sich nicht schnell genug an die Bedürfnisse der Bürger an.

- Der Verwaltung wird der Vorwurf gemacht, daß sie ineffizient arbeite, das heißt sie könnte die von ihr zu erfüllenden Aufgaben schneller und billiger erbringen.

Deshalb besteht das Erfordernis Möglichkeiten zu finden, die diese Schwachpunkte beim Aufbau, Ablauf und bei der Steuerung der öffentlichen Verwaltung abbauen.

1.3 Überlegungen zum neuen Steuerungskonzept

Aus den Schwachpunkten des momentanen Steuerungskonzeptes ergeben sich die Anforderungen an ein neues Steuerungskonzept der öffentlichen Verwaltung. Ähnlich wie in Deutschland waren diese Probleme Ausgangspunkte der Reformbemühungen und Reformansätze in anderen westlichen Industriestaaten, die zu einer Umgestaltung der öffentlichen Verwaltung in diesen Ländern führte. Im nachfolgenden Exkurs werden kurz Reformbemühungen und -trends einiger ausländischer Staaten beschrieben, die einen besonderen Einfluß auf die Reformpolitik in Deutschland haben könnten. Im Anschluß daran wird auf die Ziele und Elemente der Reform in Deutschland eingegangen.

1.3.1 Exkurs: Internationale Reformtrends und die Übertragbarkeit auf deutsche Kommunen

Ausgehend von den USA hat seit Ende der siebziger Jahre in allen mit Deutschland vergleichbaren westlichen Industriestaaten ein Meinungswandel der Öffentlichkeit zur Kommunal- und Staatsverwaltung stattgefunden. Die Ziele in diesen Ländern sind alle auffallend ähnlich. In allen Staaten ging es darum, die Kommunalverwaltungen von einer vorrangig behördlich ausgeprägten Eingriffs- und Betreuungsapparatur zu einem kostenbewußten, marktnahen, mit den Bürgern zusammenarbeitenden „Unternehmen" umzugestalten. Deshalb wurde in allen diesen Ländern versucht, die kommunalen Leistungen transparenter zu machen, die Verwaltung zu dezentralisieren, den Fachbereichen die ganzheitliche Managementverantwortung für ihre Aufgabe zu übergeben und die Rollen von politischer Führung und professioneller Verwaltung klarer voneinander abzugrenzen.[1]

---

[1] vgl. KGSt-Bericht 5/1993 (1993), S.23f.

1.3.1.1 Beispiele anregender Staaten

Auf einige ausgewählte interessante Staaten und ihre Reformbemühungen und Reformansätze soll im folgenden eingegangen werden.[1] Dabei wird auch auf Reformen auf der zentralen Ebene eingegangen, da sie meistens kommunalen Reformen vorausgehen beziehungsweise vorausgegangen sind.

Im Ursprungsland der Reformbemühungen - den USA - gibt es sowohl auf zentraler als auch auf kommunaler Ebene die unterschiedlichsten Reformansätze. Infolge der anhaltenden Rezession sowie der stark gekürzten staatlichen Zuteilungen sind seit einigen Jahren verstärkte Bemühungen um Effizienzsteigerung in den Verwaltungen zu verzeichnen. Hinzu kommen vermehrt auch Versuche, die Qualität der Verwaltungsarbeit zu verbessern. Auf dem Gebiet des Finanzwesens gilt die USA als weltweit führend und sie entwickelt in diesem Bereich die Reformansätze konsequent und kontinuierlich weiter. Besonders hervorzuheben sind die Städte Phoenix[2], Baltimore, San Diego oder Seattle. Herausragende Merkmale des Management der Stadt Phoenix sind beispielsweise die umfangreiche Bürger- und Kundenorientierung (einschließlich Bürgerbeteiligung und Bürgeraktivierung), das aussagefähige Finanzmanagement, das Berichtswesen und Controlling, die Einbeziehung der Mitarbeiter sowie das Total Quality Management.

Neuseeland wird - besonders im Hinblick auf Effizienzorientierung - von einigen Experten[3] als weltweit führend bei Managementreformen angesehen. Seit 1984 hat Neuseeland eine kompromißlose Modernisierungsstrategie auf der Zentral- und Kommunalebene durchgeführt, die von weitgehender Kommerzialisierung und Privatisierung gekennzeichnet war (zum Beispiel Umwandlung öffentlicher Einrichtungen in privatrechtliche Unternehmen). Außerdem spielt in Neuseeland das Agency-Konzept eine entscheidende Bedeutung. Bei diesem Konzept arbeiten die Regierungsagenturen auf der Basis eines ergebnisorientierten Vertrages zwischen Fachminister und Behördenchefs durchweg eigenständig und werden durch ein flexibles, outputorientiertes Finanzwesen unterstützt. Genauso ist auch das Personalsystem auf das Agency-Konzept abgestellt: Personalentscheidungen werden dezentral getroffen und Führungskräfte nur auf Zeit eingesetzt. Weiterhin werden neuseeländische Kommunen besonders für ihre Neuerungen in Sachen

---

[1] vgl. umfassender dazu Reichard, Ch. (1993), S.8ff.
[2] Die Stadt Phoenix wurde gemeinsam mit der Stadt Christchurch (Neuseeland) im Wettbewerb der Bertelsmann-Stiftung mit dem „Carl-Bertelsmann-Preis 1993" als weltweit führende und leistungsfähige Kommune ausgezeichnet worden.
[3] vgl. dazu Reichard, Ch. (1993), S.13

Qualitätsmanagement und Bürgernähe gelobt. Die Stadt Christchurch gilt als sehr innovative Kommune und wurde 1993 - gemeinsam mit der US-amerikanischen Stadt Phoenix - von der Bertelsmann-Stiftung als weltweit führende und leistungsfähige Kommune mit dem „Carl-Bertelsmann-Preis" ausgezeichnet.

Die skandinavischen Länder sind für Deutschland in verschiedener Weise sehr interessant: Zum einen sieht man (vor allem am Beispiel Schweden), wie ein Sozialstaat plötzlich ins Stolpern geraten kann. Zum anderen ist, im Gegensatz zu Großbritannien, ein relativ weicher und partizipativer Einführungsstil bei den Managementreformen zu erkennen. In Skandinavien haben die Kommunen die Möglichkeit unter Begleitung und Kontrolle des Innenministeriums Struktur- und Leistungsreformen durchzuführen, bei denen die geltenden Rechts- und Verwaltungsvorschriften gelockert oder sogar außer Kraft gesetzt werden. Dieser Zustand hat in den letzten Jahren zu erstaunlichen Reformfortschritten geführt. Gerade diese Art der Lockerung staatlicher Gesetzesauflagen im Kommunalbereich sind für die deutschen Kommunen von großem Interesse.[1] Desweiteren sind Themen wie: ergebnisorientiertes Management, Ausbau des Agency-Ansatzes, stärkere Marktorientierung, Ausrichtung auf Bürgerbedürfnisse, Finanz- und Personalreformen bei den Managementreformen in allen skandinavischen Ländern, auf zentraler wie kommunaler Ebene, entscheidend. Die Hauptschwerpunkte der Reformbemühungen werden in allen skandinavischen Ländern auf anderen Gebieten gesetzt. So kann Schweden beispielsweise auf die längsten Erfahrungen mit teilautonomen Verwaltungseinheiten zurückblicken und so interessante Erkenntnisse mit neuen Organisationsformen (den sogenannten Ergebniszentren), mit Contracting Out und mit der Verwendung von Vouchers als Nachfrageinstrument machen. In Norwegen wird das Hauptaugenmerk auf die Deregulierung sowie auf Dezentralisierung der Verwaltungsarbeit gelegt. In Finnland liegt das besondere Interesse beim Ausbau der Reform der politischen Steuerung sowie der Bürgernähe und in Dänemark sind Reformansätze verstärkt auf den Finanz- und Personalbereich ausgerichtet.

Großbritannien kann in Bezug auf Reformen als ein zwiespältiges Beispiel genannt werden. Zum einen findet man auf der Zentral- und Kommunalebene hochinteressante Neuerungen vor und zum anderen ist die Art, mit der diese Neuerungen durchgeführt werden, auf keinen Fall als beispielhaft zu betrachten. Erwähnenswert sind in Großbritannien besonders die Ansätze zum ergebnisorientierten Management, zum Aufbau teilautonomer

---

[1] vgl. Reichard, Ch. (1993), S.10

Regierungsagenturen und der aktuelle Versuch, für alle Verwaltungen die gleichen Bedingungen und Leistungsstandards einzuführen. Auf kommunaler Ebene ist besonders der Ansatz, die Kommunen einem stärkeren Wettbewerbs- und damit Leistungsdruck auszusetzen, zu unterstreichen. Erfolge schlagen sich unter anderem in einem wettbewerbsorientierten Ausschreibungsverfahren für Verwaltungsleistungen nieder.

In Frankreich liegt das Hauptaugenmerk der Reformen vor allem in der Dezentralisierung und Kommunalisierung von Verwaltungsleistungen. Darüber hinaus sind auf Zentral- und Kommunalebene auch die Ansätze zur Schaffung autonomer Einrichtungen sowie zur Stärkung dezentraler Ressourcenverantwortung besonders erwähnenswert. Im Personalbereich sind Reformen des Entgelt- und des Beförderungssystems sowie umfangreiche Personalentwicklungsmodelle in der Testphase. Auf kommunaler Ebene wurden bisher hinreichende Erfahrungen mit Ergebniszentren, mit dem Konzept des Kontraktmanagement und mit Finanzreformen gemacht. Im Vergleich zu Großbritannien hat Frankreich eine deutlich weichere und partizipativere Strategie bei der Einführung der Managementreformen.

In den Niederlanden spielt bei den Reformansätzen sowohl auf der Zentral- als auch auf der Kommunalebene der Gedanke des Kontraktmanagements[1] durchgehend eine große Rolle. In den letzten Jahren wurden auf der Zentralebene ein umfangreicher Aufgabenrückbau sowie Aufgabenverlagerungen auf die Kommunalebene betrieben. Die Personalwirtschaft hat man in den Niederlanden flexibilisiert und an die Ansprüche der Privatwirtschaft angepaßt. Auch im Bereich der teilautonomen Agencies besitzt die Niederlanden inzwischen gute Erfahrungen. Die Reformen auf der Kommunalebene sind überwiegend durch eine umfassende Dienstleistungsorientierung und durch Anlehnung an Unternehmensstrukturen gekennzeichnet. Das in Deutschland wohl bekannteste Konzept zur Reorganisation ist das der Stadt Tilburg.[2]

1.3.1.2 Übertragbarkeit der Modelle auf deutsche Kommunen

Die beschriebenen ausländischen Reformbemühungen und -ansätze können für die Reformbestrebungen in Deutschland aus vielerlei Hinsicht von großer Bedeutung sein. Dabei interessieren sich die deutschen Kommunen vor allem für:[3]

---

[1] auf diesen Begriff wird unter Punkt 1.3.3 (Seite 14) näher eingegangen
[2] vgl. zu den Reformansätzen der Stadt Tilburg: KGSt-Bericht 19/1992 (1992); Reichard, Ch. (1994a), S.28f.
[3] vgl. Reichard, Ch. (1993), S.14

- die auslösenden Faktoren, weil aus ähnlichen Problemlagen und vergleichbaren Rahmenbedingungen auf übereinstimmende Lösungsansätze geschlossen werden kann

- die inhaltlichen Reformelemente und ihre Zusammenfügung zu einem zusammenhängenden Reformkonzept

- den Reformprozeß und die dabei zugrunde gelegte Reformstrategie

So ähnlich sich viele Managementreformen in den anderen Staaten hinsichtlich ihrer Hauptzielrichtung oder ihrer Hauptelemente sind, so unterscheiden sie sich in den Reformstrategien. Während einzelne Staaten die Reformen in einer ausgesprochen autokratischen top-down-Strategie durchgedrückt haben, gibt es Länder, die den Reformprozeß einfach laufen lassen oder ihn lediglich mit Abstand begleiten und fördern.

		Rolle des Staates	
		starker staatlicher Druck	geringer oder fehlender staatlicher Druck
dominierende Reformorientierung	Binnenreform	Neuseeland, Großbritannien	Deutschland, Niederlande
	Außenreform	USA	Frankreich, Skandinavien

Abbildung 1-1: Managementreformen in einigen Ländern nach ihrer dominierenden Reformorientierung und der Rolle des Staates[1]

Beim länderübergreifenden Quervergleich zeigt sich (siehe Abbildung 1-1), daß trotz weltweit analoger Grundanliegen die konkreten Reformansätze doch recht weit auseinandergehen. Die Ausgangssituation und die besondere Problematik in Deutschland unterscheiden sich beispielsweise deutlich von den britischen, neuseeländischen oder amerikanischen Konstellationen. In Deutschland ist - abgesehen von der Finanzlage - kaum ein staatlicher Reformdruck erkennbar. Im Gegenteil: staatliche Kommunalaufsicht, Rechnungsprüfung und bestimmte bundeseinheitliche Rechtsnormen behindern oder blockieren[2] dagegen erforderliche Reformen auf der kommunalen Ebene.

Für die deutsche Reformdiskussion kann man wegen der ähnlichen Rahmenbedingungen und Ausgangslagen verhältnismäßig viel aus niederländischen oder auch skandinavischen Reformerfahrungen lernen.[3] Folglich sind für Deutschland die Managementrefor-

---

[1] vgl. Reichard, Ch. (1993), S.15
[2] vgl. Reichard, Ch. (1993), S.15
[3] vgl. Reichard, Ch. (1994b), S.20

men dieser Ländern besonders interessant. Das bedeutet aber nicht, daß ein Erfahrungstransfer aus den anderen Staaten ausgeschlossen werden sollte.

Wenn Deutschland aus den ausländischen Erfahrungen Lehren ziehen will, dann sollte bedacht werden, daß für andere Staaten andere politische, rechtliche und soziokulturelle Rahmenbedingungen gelten, daß diese Staaten vor anderen individuellen Problemlagen standen und deshalb deren Lösungsansätze selten unmittelbar übertragbar sind. Es werden also spezielle Managementkonzepte benötigt, die das deutsche Staatsverständnis, die deutsche Verwaltungs- und Managementkultur, die kommunalrechtlichen sowie die dienst- und haushaltsrechtlichen Regelungen einbeziehen. Diese zugeschnittenen Konzepte müssen dann durch die Mitarbeiter bewußt umgesetzt werden, denn ohne gewandelte Denkweisen, Handlungsweisen und Fähigkeitsprofile beim Personal wird sich in der Realität nicht viel ändern. Hierzu sind wirkungsvolle Anreize und umfangreiche Aus- und Fortbildungsprogramme unerläßlich.

1.3.2 Ziele der Reform in Deutschland

Vermutlich wegen des vergleichsweise günstigen Zustands der öffentlichen Finanzen blieb die Bundesrepublik - bis vor wenigen Jahren - von diesen Bewegungen in den anderen Industrieländern fast unberührt. Erst 1990 lenkte die Kommunale Gemeinschaftsstelle für Verwaltungsvereinfachung (KGSt) die Aufmerksamkeit der Kommunalverwaltungen auf die Reform in den Niederlanden. Aus der Reihe der ausländischen Reformkommunen wurde die niederländische Stadt Tilburg als die „Vorzeigestadt"[1] ausgewählt, da die Rahmenbedingungen in der Stadt Tilburg mit den Rahmenbedingungen in Deutschland vergleichbar waren und da das dort neu entwickelte Finanzsteuerungssystem den höchsten vorfindbaren Grad an instrumenteller Geschlossenheit und Unternehmensähnlichkeit aufwies.

Die Auffassung, daß die internationalen Reformtrends auch Deutschland erfassen werden und das ausländische Kenntnisse den deutschen Kommunen durchaus bei der Lösung der eigenen Probleme helfen können, hat spürbar an Boden gewonnen.

Wollen auch deutsche Kommunen einen Wandel zu einem wirtschaftlich und kundenorientiert arbeitenden Dienstleistungsunternehmen vollziehen, dann kann dies nur durch

---

[1]   Kriterien und Begründungen für diese Wahl: vgl. KGSt-Bericht 19/1992 (1992), S.13f.

eine tiefgreifende Struktur- und Verhaltensänderung erreicht werden.[1] Im einzelnen können folgende Ziele der Verwaltungsreform in der öffentlichen Verwaltung genannt werden:

- stärkere Ergebnisorientierung (Outputsteuerung)

- Delegierung der Ressourcenverantwortung und Entscheidungskompetenzen in die Fachämter

- Schaffung klarer Aufgabenabgrenzungen zwischen den Ebenen

- verstärkte Entwicklung des Dienstleistungsgedankens in der Verwaltung

- Besinnung auf die Kernaufgaben der Verwaltung

- Verwaltungsleistungen in besserer Qualität

- Verbesserung der Bürgernähe, Ausrichtung am Kunden

- Umgestaltung der Organisationsstrukturen in den Verwaltungen

- Verbesserung der Mitarbeiterführung

- Steigerung der Flexibilität der Verwaltung

- Erhöhung der Effizienz

- Schaffung eines Wettbewerbs

Für die Umgestaltung der Kommune haben kommunale Verbände versucht, ein geeignetes Reformmodell für diese Anforderungen zu entwickeln. Die Kommunale Gemeinschaftsstelle für Verwaltungsvereinfachung (KGSt) hat Begriffe wie „Neues Steuerungsmodell" oder „Dezentrale Ressourcenverantwortung" geprägt. Im weiteren wird die Bezeichnung „Neues Steuerungsmodell" als Überbegriff für die zahlreichen verschiedenen Reformansätze, die in vielen Städten und Gemeinden gemacht wurden, verwendet. Im Bericht der KGSt Nr. 5/1993[2] wird die gesellschaftspolitische Notwendigkeit veranschaulicht, die Kommunalverwaltungen zu einem Dienstleistungsunternehmen umzubauen. Das Neue Steuerungsmodell ist aber dabei nicht als Selbstzweck, sondern als Mittel zum Zweck zu verstehen. Es liefert nur die Grundlagen für das Dienstleistungsunternehmen

[1] vgl. KGSt-Bericht 17/1994 (1994), S.8
[2] vgl. KGSt-Bericht 5/1993 (1993), S.7ff.

Kommunalverwaltung.[1] Für Dr. Fons Schrijvers ist das „ ...Neue Steuerungsmodell nichts anderes als ein Mittel zur Anpassung der öffentlichen Verwaltungen an die neue Zeit."[2]

Aus den beschriebenen Schwachpunkten des momentanen Steuerungskonzeptes ergeben sich die Anforderungen an das Neue Steuerungsmodell. Die jetzige zentrale Bewirtschaftung der Ressourcen und die Vorgabe der Organisation der Arbeitsprozesse entsprechen demnach nicht mehr den an ein modernes Dienstleistungsunternehmen zu stellenden Anforderungen. Es ist zu wenig an Zielen und Leistungen orientiert und läßt Führungskräften und Mitarbeitern zu kleine Handlungsspielräume. Sowie die politische Führung als auch die Verwaltungsführung müssen sich in erster Linie mit den Zielen und den Leistungen und dann erst mit den Ressourcen beschäftigen. So wird im KGSt-Bericht 12/1991 festgestellt, daß „Ziele und die der Zielerreichung dienenden Aufgaben ... Soll-Größen im Steuerungsprozeß"[3] sind.

Die Grundidee des Neuen Steuerungsmodells der KGSt ist einfach: In diesem Neuen Steuerungsmodell steuert die Verwaltungsführung die Fachbereiche durch Vorgabe von Zielen (zum Beispiel durch die Vorgabe von Leistungs- oder Finanzzielen) sowie durch Vorgabe eines Handlungsspielraumes. Innerhalb dieses Handlungsspielraumes können sich die Mitarbeiter frei bewegen. Der zweckmäßige Einsatz der zugewiesenen Ressourcen und der Weg der Zielerreichung bleibt ihnen im wesentlichen überlassen. Diese Steuerung der Vorgaben wird durch die Beobachtung des Zielerreichungsprozesses erweitert, um möglicherweise korrigierend eingreifen zu können (zum Beispiel durch betriebswirtschaftliche Hilfsmittel wie das Controlling).[4] Dazu werden bisher eher getrennt angewendete Prinzipien einer über den Markt gesteuerten Privatwirtschaft und einer über die öffentlichen Haushalte gesteuerten Staatswirtschaft zu einer typischen, künftig für erforderlich gehaltenen Auffassung von der öffentlichen Verwaltung gemischt.

Dabei darf aber nicht übersehen werden, daß Ziele nur dann als Steuerungsgröße geeignet sind, wenn nachvollzogen werden kann, ob die vorgegebenen Ziele auch erreicht wurden. Dies ist dann der Fall, wenn die Zielerreichung gemessen oder unter zu Hilfenahme von Indikatoren oder Kennzahlen bewertet werden kann. Hier liegt die eigentliche Schwierigkeit, die zweifelsohne über lange Zeit dazu beigetragen hat, die neue Steuerungskonzeption im kommunalen Bereich bei der Realisierung zu verzögern.

---

[1] vgl. KGSt-Bericht 10/1995 (1995), S.9
[2] Schrijvers, F. Workshop „Neues Steuerungsmodell" am 21.06.1996 in Frankfurt/Oder
[3] KGSt-Bericht 12/1991 (1991), S.15
[4] vgl. Schomburg, S: (1994), S.4

Da die Einführung des Neuen Steuerungsmodells ein langfristig anzulegender Veränderungsprozeß ist, bedarf es als Grundlage hierzu auch Veränderungen in den Einstellungen der davon betroffenen Mitarbeiter. Die bloße Verwendung einzelner Instrumente (zum Beispiel des Controlling) kann nur als eine Optimierung des momentanen Steuerungssystems, nicht als Einführung eines Neuen Steuerungsmodells angesehen werden.

Um die gestellten Ziele erreichen zu können, ist die Einführung folgender Elemente in der öffentlichen Verwaltung unabdingbar.

1.3.3 Elemente des Neuen Steuerungsmodells

Die Abbildung 1-2 stellt die wichtigsten Elemente des Neuen Steuerungsmodells dar. Die einzelnen Elemente lassen sich wie folgt beschreiben:

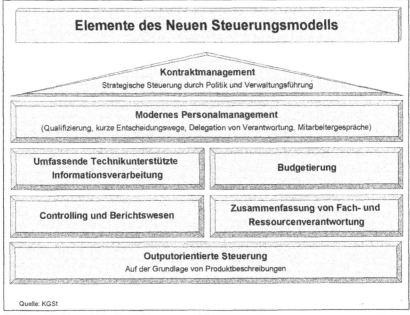

Abbildung 1-2: Elemente des Neuen Steuerungsmodells

Die Dezentralisierung beziehungsweise Delegation von Entscheidungskompetenzen zu den Fachämtern ist ein Kernstück im Neuen Steuerungsmodell. Durch die **Zusammenfassung der Fach- und Ressourcenverantwortung** erhalten die Fachämter die Verantwortung und die Entscheidungsfreiheit über den Einsatz von Geld und Personal. Der Weg, den die Fachämter zur Zielerreichung gehen, ist ihnen überlassen. Um so arbeiten zu können, benötigen die Fachbereiche aber ausreichende Handlungsspielräume. Aus diesem Grunde sollte ihnen die Verantwortung für den zweckmäßigen Ressourceneinsatz übertragen werden.[1] Zu den Ressourcenverantwortungen, die den Fachbereichen übertragen werden sollten, gehören:[2]

- Organisation und Personaleinsatz

- Informationsversorgung und Automatisierung

- Haushalts- und Ressourcenplanung

- Mittelbewirtschaftung

- Vor- und Nachkalkulation der Leistungen

- Kosten- und Leistungsrechnung

- Betriebswirtschaftliche Abweichungsanalyse

- Berichterstattung

Die Fachbereiche haben die politische Führung in regelmäßigen Abständen über die Erfüllung ihres Leistungsauftrages zu informieren und Abweichungen zu verantworten.

Aus der Delegation von Entscheidungskompetenzen ergibt sich das zweite wichtige Element des Neuen Steuerungsmodells, die **outputorientierte Steuerung**. Die Steuerung erfolgt dann nicht mehr über einen zentralen Ressourceninput (zum Beispiel durch zentrale Geld-, Stellen- und Personalzuteilung), sondern in erster Linie über den Leistungsoutput. Dies ist jedoch nur dann möglich, wenn der Output definiert und meßbar ist. Das Dienstleistungsangebot soll daher in Form von „Produkten"[3] definiert werden. Die Produkte sind die Leistungen, die die Fachämter nach außen abgeben. Sie müssen in Umfang und Qualität klar beschrieben sein. Desweiteren muß es möglich sein, die entsprechenden Kosten eindeutig zuordnen zu können. Damit soll die Planung der benötigten Geldmittel und Personalressourcen für die entsprechende Leistung optimiert und vereinfacht werden.

---

[1] vgl. KGSt-Bericht 12/1991, (1991), S.15ff.
[2] vgl. KGSt-Bericht 5/1993, (1993), S.18
[3] für die Produktbeschreibung gibt es verschiedene Systematiken, Methoden und Strategien; vgl. KGSt-Bericht 8/1994 (1994): Das Neue Steuerungsmodell - Definition und Beschreibung von Produkten

Beim **Kontraktmanagement** - dem nächsten Element - wird zwischen Gemeindevertreter und Verwaltungsspitze einerseits und den Fachämtern andererseits eine Art Vertrag geschlossen. Dieser beinhaltet seitens des Fachamtes die Qualität und Quantität der Leistungen, die innerhalb eines bestimmten Zeitraumes zu erbringen sind, und seitens der Verwaltungsspitze die Ressourcen, die dafür zur Verfügung gestellt werden.[1] Im Rahmen des Vertrages, kann das Fachamt intern weitgehend eigenverantwortlich arbeiten und handeln. Erst wenn der Vertrag nicht mehr eingehalten wird, greift die übergeordnete Stelle korrigierend ein.

Die dafür regelmäßig benötigten präzisen und aussagekräftigen Informationen über den Ablauf der Arbeit der Fachverwaltungen, über den Grad der Zielerreichung und die Qualität der Leistungen liefert das **Controlling**. Auch innerhalb des Fachamtes sind vielfältige Informationen nötig, damit die richtigen Entscheidungen über den Einsatz der Ressourcen getroffen werden können. Beim Controlling handelt ist sich nicht nur um eine Kontrolleinrichtung, sondern um ein Instrument der betrieblichen Steuerung. Bei diesem Prozeß werden für eine Einrichtung anfangs Ziele definiert und die entsprechenden Maßnahmen geplant und durchgeführt, um dann anhand speziell aufbereiteter Informationen die Zielerreichung zu überprüfen. Anhand dieser Ergebnisse werden dann Effizienz und Effektivität der Arbeit laufend verzeichnet und gemessen. Dabei kommt ein unterstützendes **Berichtswesen** hinzu, denn nur so lassen sich Soll und Ist vergleichen, läßt sich das Soll veränderten Verhältnissen oder Zielsetzungen anpassen und nur so haben Politik und Verwaltung die Möglichkeit, Verantwortung einzufordern. Bei einem nach Hierarchieebenen unterschiedlich gestalteten, informationstechnisch unterstützten Controlling und Berichtswesen müssen die für die Informations- und Entscheidungsfindung notwendigen Informationen zeitgleich zur Verfügung gestellt werden, damit die Steuerung im Falle einer Richtungskorrektur rechtzeitig möglich ist und schwerwiegende Fehlentwicklungen nach Möglichkeit vermieden werden.

Ein weiteres Kernelement des Neuen Steuerungsmodells ist die **Budgetierung**. Der Kerngedanke der Budgetierung liegt darin, daß eine Einrichtung, ein Amt oder ein Dezernat seine Haushaltsmittel in Form eines Gesamtbudgets erhält, innerhalb dessen die Einzelansätze selbständig gestaltet und verantwortet werden.[2] Jede Verwaltungseinheit bekommt damit ihre Mittel als ein nach oben hin begrenztes Gesamtbudget zugewiesen.

[1] KGSt-Bericht 10/1995, (1995), S.29
[2] vgl. Grandke, G. (1995), S.25

Dieses Budget richtet sich danach, welche Leistungen von der Einrichtung im nächsten Jahr erwartet werden. Zur Einführung der Budgetierung gehört auch, daß das bestehende Haushaltsrecht in einigen wesentlichen Punkten gelockert und flexibilisiert wird. Dazu gehören:

- Aufhebung der strengen Titelbindung (damit alle Sach- und Personalkosten miteinander deckungsfähig sind und flexibler eingesetzt werden können)
- erzielte Mehreinnahmen verbleiben ganz oder teilweise in der Einrichtung (dadurch soll bei den Mitarbeitern Unternehmergeist geweckt werden)
- Belohnung von Sparsamkeit (nicht ausgegebene Mittel können ganz oder teilweise ins nächste Haushaltsjahr übertragen werden)

Die Beschäftigten der Verwaltungen spielen bei der Modernisierung eine Schlüsselrolle. Personalmanagement, Personalplanung, Mitarbeitermotivation, Information sowie Aus-, Fort- und Weiterbildung sind zentrale Grundbestandteile eines **modernen Personalmanagements**. Dabei geht es wie in der privaten Wirtschaft um eine ständige Qualifikation der Mitarbeiter, eine Verkürzung der Entscheidungswege (sowohl zwischen den Ebenen als auch innerhalb der Ebenen) und um die Delegation von Verantwortung. Die Mitarbeiter sollen sowohl verantwortungsbewußter, engagierter, innovativer als auch wettbewerbsorientierter arbeiten. Um dies zu erreichen, müssen Elemente von leistungsorientierter Vergütung und Aufstiegsmöglichkeiten in der öffentlichen Verwaltung Einzug halten.

Informationstechnik ist ein weiteres wesentliches Instrument zur effizienteren Gestaltung von Verwaltungsabläufen. Zur zielgerichteten Erreichung der mit der Politik vereinbarten Ziele muß Informationstechnik eingesetzt werden, um das Dienstleistungsangebot der Kommune zu sichern und im Interesse der Bürgerinnen und Bürger trotz knapper personeller und vor allem finanzieller Ressourcen neue Leistungen anbieten und erreichen zu können.[1]

Durch den gezielten Einsatz von Informationstechnik können Einzelaufgaben der Verwaltung mit weniger Aufwand erfüllt und auf diese Weise die Verwaltung produktiver gestaltet werden. Moderne Informationstechnik ermöglicht der Verwaltung, neue bisher noch nicht genutzte Einsatzgebiete zu nutzen.

---

[1] vgl. te Reh, P. (1994), S.6

Dabei richten sich die Anforderungen von Politik und Verwaltung an die Informationstechnik der Zukunft vor allem auf:[1]

* Unterstützung neuer Steuerungsmodelle

* Erhöhung der Verwaltungsproduktivität

* Mitarbeiter- und Bürgerorientierung

* Verbesserung der Entscheidungsqualität und Wettbewerbsfähigkeit

* Zukunftssicherheit der Investitionen in die Informationstechnik

Es genügt dabei aber nicht, die alten bisher bekannten Verfahren auf neue Technik umzustellen. Es ist nötig, völlig neue Systeme aufzubauen, um so den neuen Anforderungen gerecht zu werden.

Eine weitere wichtige Stütze der Trends zur Verwaltungsreform ist der **Wettbewerb**. Schon die ziel- und ergebnisorientierte Führung von Aufgabenkreisen wird auch eine größere Vergleichbarkeit und damit einen Wettbewerb der Aufgabenkreise untereinander auslösen.

Wettbewerb entsteht außerdem durch Behördenvergleiche. Die Voraussetzungen hierfür werden durch computergespeicherte Daten über Leistungen und Kosten erreicht. Interessierte Institutionen können solche Möglichkeiten verstärkt nutzen. Durch den entstandenen Behördenwettbewerb wird Druck auf die jeweiligen Führungsinstanzen ausgeübt, auftretenden Abweichungen nachzugehen und sie entweder zu begründen oder abzustellen. Desweiteren wird die Verwaltungsführung verstärkt versuchen, die verschiedenen Determinanten der Leistungsfähigkeit ihrer Aufgabenbereiche mittels Benchmarking[2] mit anderen zu vergleichen und den Abstand zum „Besten" zu bestimmen und möglichst zu verringern.

Wettbewerbselemente werden nicht zuletzt durch „Outsourcing" auch in der öffentlichen Verwaltung an Bedeutung gewinnen.[3] Insbesondere durch die Segmentierung in zuneh-

---

[1] vgl. te Reh, P. (1994), S.7
[2] Gabler-Wirtschaftslexikon (1993): Benchmarking (Instrument der Wettbewerbsanalyse) ist der kontinuierliche Vergleich von Produkten, Dienstleistungen sowie Prozessen und Methoden mit (mehreren) Unternehmen, um die Leistungslücke zum sog. Klassenbesten (Unternehmen, die Prozesse, Methoden usw. hervorragend beherrschen) systematisch zu schließen. Grundidee ist es, festzustellen, welche Unterschiede bestehen, warum diese Unterschiede bestehen und welche Verbesserungsmöglichkeiten vorhanden sind.
[3] siehe dazu auch Kapitel 3 (S.32ff.)

mend selbständige und unabhängige Aufgabenkreise drängt sich die Frage auf, ob man eine bestimmte Leistung selbst produzieren oder sie von anderen Anbietern (innerhalb oder außerhalb der öffentlichen Verwaltung) beziehen soll. Die Gewährleistung der Erfüllung öffentlicher Aufgaben mag reichen, ob aber auch die Eigenherstellung durch eine Behörde nötig ist, muß hinterfragt werden.

Die ziel- und ergebnisorientierte Steuerung sich selbst organisierender Fachbereiche wäre aus folgenden Gründen von Vorteil :[1]

- Orientierung das Verwaltungshandeln an Zielen

- Förderung der Eigenverantwortung der Fachämter

- Identifizierung der an der Entwicklung von Zielen beteiligten Mitarbeiter mit diesen Zielen

- Steigerung der Mitarbeitermotivation bei Erfüllung der Zielerreichung

- neue Definition der Rollen und Verantwortungsbereiche von Politik und Verwaltung

1.4 Resümee zum Neuen Steuerungsmodell und dessen Umsetzung

Zusammenfassend läßt sich sagen, die zentrale Bewirtschaftung der Ressourcen und die „Input"-orientierte Leistungssteuerung sind die markantesten Merkmale für das bestehende Steuerungskonzept.

Das angestrebte Ziel der deutschen Kommunen, sich zu wirtschaftlichen und kundenorientiert arbeitenden Dienstleistungsunternehmen zu entwickeln, beweist die dringende Notwendigkeit der Umsetzung und Anwendung des Neuen Steuerungsmodells. Die dargestellten Elemente dieses Modells (wie Zusammenfassung der Fach- und Ressourcenverantwortung, outputorientierte Steuerung, Controlling und Berichtswesen, Budgetierung, modernes Personalmanagement und Kontraktmanagement sowie Informationstechnik) ermöglichen langfristig die Erreichung dieses Ziels.

Das von der KGSt entwickelte Neue Steuerungsmodell soll nach und nach in allen Bereichen der öffentlichen Verwaltung Deutschlands eingeführt werden.

---

[1] vgl. KGSt-Bericht 12/1991 (1991), S.14f.

Die Hauptziele dabei sind:

- Besinnung auf das Kerngeschäft

- Leistungsverbesserung

- intensivere Mitarbeiterführung und Bürgernähe

- Effektivitäts- und Effizienzsteigerung

- Wettbewerbsfähigkeit usw.

Dabei müssen den Kommunen und vor allem den Mitarbeitern und Bürgern klar werden, daß diese Umgestaltung des öffentlichen Sektors ein langjähriger Prozeß ist und daß die Ziele nur dann erreicht werden, wenn der Wandel konsequent und permanent durchgeführt wird. Weiterhin ist es nötig, daß alle vom Neuen Steuerungsmodell geforderten Elemente nach und nach in der Praxis Anwendung finden.

Bei der kritischen Betrachtung des Umfanges der Veränderungen, den die Umgestaltung mit sich bringt, wird deutlich, daß die Einführung des Neuen Steuerungsmodells nicht sofort in allen Bereichen möglich ist. Zum einen fehlen dazu die entsprechenden Mittel (seien sie personeller, finanzieller, technischer oder organisatorischer Art) und zum anderen ist das Risiko bei einer flächendeckenden Einführung der neuen Steuerungselemente viel zu groß. Die Gefahr liegt dabei in der Unerfahrenheit der Kommunen.

Nach Meinung des Verfassers wäre es denkbar, daß die Elemente in kleineren Teilbereichen der Verwaltung mit überschaubaren Leistungen und Risiken eingeführt werden. Zu den Bereichen in denen Kommunen solche Pilotprojekte starten könnten, zählen zum Beispiel: Bau- und Liegenschaftsämter oder Bibliotheken. In diesen abgegrenzten Bereichen besteht die Möglichkeit die Elemente des Neuen Steuerungsmodells nach und nach einzuführen, anzupassen und später auf die gesamte Kommune zu übertragen. So ist es möglich, die Wirkung der einzelnen Elemente in der Praxis zu testen, um Schlußfolgerungen für die Umsetzung in das Gesamtsystem ziehen zu können. Das Risiko ist durch den abgegrenzten Rahmen überschaubar.

2 IT-Dienstleistungen für Kommunen

Die im vorausgegangenen Abschnitt beschriebenen Ziele der Verwaltungsreform und die Einführung des Neuen Steuerungsmodells stellen für die Kommunen eine große Herausforderung dar.

Zum einen fehlen den Kommunen die erforderlichen Voraussetzungen (sei es auf der technischen, der personellen, der organisatorischen oder der finanziellen Seite), um die Ziele der Verwaltungsreform zu erfüllen und das Neue Steuerungsmodell einzuführen. Zum anderen besitzen sie auch keine Erfahrungen und Kenntnisse im Umgang mit den neuen Elementen.

Aus diesem Grund bieten sich den Kommunen externe Dienstleister an, um mit ihrem Know-how und den technischen sowie personellen Ressourcen gemeinsam mit den Kommunen die anstehenden Probleme zu lösen.

2.1 Die Bedeutung der Informationstechnik für die Kommunen und für die Umsetzung der Neuen Steuerungsmodelle

Besonders der Bereich der Informationstechnik und Informationstechnologie[1] ist entscheidend für die Realisierung der geplanten Projekte. Denn ohne eine effizient-gestaltete IT-Struktur ist es unmöglich:

- eine Vernetzung der Mitarbeiter zu gewährleisten,
- ein neues Rechnungswesen einzuführen,
- ein Controlling und Berichtswesen zu betreiben,
- ein modernes Personalmanagement aufzubauen,
- eine Verringerung der Verwaltungsebenen durchzuführen,
- ein Projektmanagement zu benutzen usw.

---

[1] während im englischen Sprachgebrauch die beiden Begriffe „Informationstechnik" und „Informationstechnologie" unter der Bezeichnung „Information Technology" (IT) subsumiert sind, wird in der deutschen Literatur folgende Unterscheidung getroffen: Mit Informationstechnik werden die technischen Mittel, mit denen Informations- und Kommunikationssysteme ausgestattet sind, bezeichnet. Informationstechnologie geht darüber hinaus und umfaßt das Wissen über die Leistung der Technik verbunden mit dem Wissen über die zielgerichtete Organisation und Auswirkungen ihres Einsatzes. In dieser Arbeit steht die Abkürzung „IT" für Informationstechnologie.

Diese Beispiele zeigen nur einen Bruchteil davon, wozu die Informationstechnik benötigt wird. Im folgenden Abschnitt soll daher näher auf den Einfluß der Informationstechnik in den Kommunen und die Bedeutung bei der Umsetzung des Neuen Steuerungsmodells eingegangen werden.

2.1.1 Die Bedeutung der Informationstechnik für die Kommunen

Die Nutzung der Informationstechnik und der Informationstechnologie hat in der öffentlichen Verwaltung eine lange Tradition. Die Entwicklungslinie erstreckt sich von Datenverarbeitungs-Großanlagen in Rechenzentren, über dezentrale Datenverarbeitung bis zu einem heute universell einsetzbaren Arbeitsmittel.

Dennoch ist die bestehende informationstechnische Infrastruktur in den Kommunen oftmals veraltet und entspricht nicht den gestiegenen Anforderungen - ganz zu schweigen von den heutigen Möglichkeiten. Hinzu kommt, daß diese alten Systeme sehr pflege- und wartungsintensiv sind und damit die Budgets übermäßig belasten. Desweiteren gibt es in den meisten Behörden weder Personal, das in der Datenverarbeitung ausgebildet ist, noch Personen, die sich die Betreuung eines anspruchsvollen Systems zutrauen, zumal die dazu notwendigen Fortbildungsmittel oft ebenfalls nicht zur Verfügung stehen.

Die Vergangenheit zeigte immer wieder, daß Informationstechnik nur dann in der öffentlichen Verwaltung eingeführt wurde, wenn es darum ging, kurzfristige, schnell erreichbare Rationalisierungsgewinne zu erzielen. Gerade die strategische Bedeutung der Informationstechnik im Hinblick auf langfristige Investition wurde nicht gesehen. Dadurch entstand ein Defizit an informationstechnischer Unterstützung.

Aufgrund einer immer deutlicher vernehmbaren Kritik im Hinblick auf ihre Effizienz begann die öffentliche Verwaltung diesen Mangel an informationstechnischer Unterstützung nach und nach abzubauen. Vor diesem Hintergrund war auch eine verstärkte Diskussion über die zukünftige Rolle des Einsatzes von Informationstechnik in der öffentlichen Verwaltung zu beobachten, wobei es auch um langfristige Planungen des Informationstechnik-Einsatzes ging. Besonders in Deutschland, wo man sich mit neuen Techniken zuerst einmal eher skeptisch auseinanderzusetzen pflegt, gab es anfangs gegen Überlegungen eines verstärkten und langfristig orientierten Einsatzes von Informationstechnik mehr Widerspruch als Zustimmung. Inzwischen haben sich die Meinungen geändert. Informationstechnik hält verstärkt Einzug in die Kommunen.

Bislang wurde der Nutzen der Informationstechnik mit Arbeitserleichterungen und Produktivitätssteigerungen in Verbindung gebracht. Seit den Überlegungen zum Neuen Steuerungsmodell wurde erkannt, daß der verstärkte Einsatz eine gute Basis für die weitere Entwicklung ist. Hinzu kommt, daß durch die weitere Entwicklung und Einbindung der Informationstechnik die öffentliche Verwaltung in Zukunft verstärkt das in der Informationstechnik steckende Potential zum Überdenken der Zweck-Mittel-Beziehungen in doppelter Weise umsetzen wird:

- zur Systematisierung des Verwaltungshandels, weil die Informationstechnik die Nutzung von Synergieeffekten und die Vermeidung von Doppelarbeit nahelegt

- zur Anhebung der Verwaltungsqualität, weil die Informationstechnik sowohl zu Verbesserungen der Aufgabenerfüllung als auch zu Verbesserungen der Arbeitswelt anregt

Als nachteilig kann gesehen werden, daß ein langfristiger Erfolg nur über den Weg relativ hoher Startinvestitionen erreicht werden kann.[1] In den nächsten Jahren sieht die öffentliche Verwaltung - nicht zuletzt aufgrund immer knapper werdender finanzieller Ressourcen in Bund, Ländern und Gemeinden - massive Probleme auf sich zu kommen. Auch die Verwaltungsreform stellt die Kommunen vor neue Aufgaben.

2.1.2 Bedeutung der Informationstechnik bei der Umsetzung des Neuen Steuerungsmodells

„Die modernen Informationstechniken können als wichtiges Element für Reformen der öffentlichen Verwaltung, für einen „schlanken" und zugleich bürgernäheren Staat genutzt werden"[2] so schreibt der Bundesminister für Wirtschaft in der Broschüre „Info 2000 Deutschlands Weg in die Informationsgesellschaft".

Bei allen Bemühungen zur Umgestaltung der öffentlichen Verwaltung spielt die Informationstechnik eine entscheidende Rolle. Ohne sie gäbe es die Diskussionen um Ansätze wie „Lean Management", „Lean Administration" usw. nicht. Auf der einen Seite ermöglicht sie durch immer weniger begrenzte Möglichkeiten die Globalisierung der Märkte, wodurch auch die deutsche Wirtschaft einem drastisch verstärkten weltweiten Wettbewerb ausgesetzt wird. Auf der anderen Seite liefert die Informationstechnik den Behörden das Potential, um als Antwort auf solche Forderungen kostengünstigere und wirkungsvollere Orga-

---

[1] vgl. Kappius, G. (1994), S.10
[2] Bundesministerium für Wirtschaft (1996), S.11

nisationsformen einzuführen (zum Beispiel Aufgaben unter dem Aspekt der Ganzheitlichkeit neu zu gliedern oder herkömmliche Hierarchien zu Gunsten flexiblerer dezentraler Einheiten aufzulösen), ohne dabei den Zusammenhang aufgeben zu müssen.

In der Informationstechnik vollzieht sich ein bemerkenswerter Wertewandel. Der Schwerpunkt verlagert sich weg von den technischen Aspekten hin zu strukturellen und organisatorischen, eben den Managementthemen. Das Hauptaugenmerk gilt nicht mehr dem Datenverarbeitungssystem, sondern der individuellen Eingliederung in eine Ablauforganisation der Kommunen. Es werden vor allem die Fragen beantwortet, die einen effizienten und gewinnbringenden Einsatz der Informationstechnik voraussetzen, wie zum Beispiel die Änderungen in der Struktur und eine Optimierung der Geschäftsabläufe.[1] Wie in der freien Wirtschaft und in kommunalen Regiebetrieben soll sie individuell und bedarfsgerecht bei der Bewältigung der anstehenden Aufgaben helfen.

Bedeutete Datenverarbeitung vor kurzem noch die Bearbeitung der Daten an einer Stelle als Mittel der technischen Unterstützung, so ist es heute mit Hilfe der Informationstechnik möglich, arbeitsteilige und oftmals unübersichtlich gewordene Verwaltungsabläufe wieder zusammenzufassen und ganzheitlich zu bearbeiten.[2] Dadurch wird ein wichtiges Konzept möglich, bei dem die Informationstechnik wirkungsvoll den Umgang mit den Verwaltungskunden gestalten kann. Gemeint ist die Reduzierung der Zahl der Anlaufstellen im Verwaltungssystem. Durch Vernetzung von Daten und Programmen sowie über die Abbildung der Verwaltungsverfahren in benutzerfreundlicher Software ist eine Vereinfachung dieser möglich.

Die heutige Informationstechnik ermöglicht organisatorische Entzerrungen ebenso wie das Zusammenhalten des dadurch entstehenden Netzes von Aufgabenkreisen mit mehr Selbstverwaltung und Unabhängigkeit. Der Zugriff auf bisher entfernt geführte Daten regt zu horizontalen Zusammenfassungen konventionell arbeitsteiliger Tätigkeiten an. In vertikaler Sicht kann Führungsinformation, traditionell mit der Behördenspitze verbunden und bei zunehmender Aufgabenfülle durch Stäbe als Intelligenzverstärker für sie aufbereitet, nun auch den Mitarbeitern unmittelbar zur Verfügung stehen; wie umgekehrt die Führung besser über den Zustand ihres Bereichs informiert werden kann. Dies führt dazu, daß brisante Punkte wie: Entfernung, Zeit und Hierarchie an Bedeutung verlieren.

---

[1] vgl. Jörg, Gerhard (1995), S.3
[2] vgl. Kappius, G. (1994), S.10

Weiterhin nimmt die Informationstechnik im Bereich des Rechnungswesens und des Controllings eine entscheidende Position ein. Dies sind nur einige Möglichkeiten, bei denen die Informationstechnik hilfreich eingesetzt werden kann.

Allerdings erfordert all dies ein Informationsmanagement, verstanden als Verantwortung der politischen und administrativen Führung auch für die Informationstechnik, die Informationssysteme und die Nutzung des Reformpotentials in ihrem Bereich. Es erfordert weiterhin Investitionen in eine möglichst flächendeckende Infrastruktur an Informationstechnik, auf der sich dann die organisatorischen Entzerrungen vollziehen können. An diesem Punkt beginnt der Mißstand für die Kommunen. Zum einen haben sie keine oder kaum Erfahrungen mit Informationsmanagement. Desweiteren fehlt den Kommunen das Geld, um eine flächendeckende IT-Struktur aufzubauen. Hier bieten externe Dienstleistungs-Unternehmen den Kommunen ihre Dienste und damit Hilfe an.

2.2 Externe IT-Dienstleistungs-Anbieter

Viele Unternehmen der IT-Branche haben diesen Markt für IT-Dienstleistungen neu entdeckt und versuchen das in ihm steckende Potential für ihre Produkte und Leistungen zu nutzen. Die Unternehmen lassen sich grob in die vier Gruppen: Hardware-Anbieter, Software-Anbieter, Systemhäuser und Beratungsunternehmen gliedern (siehe Abbildung 2-1).

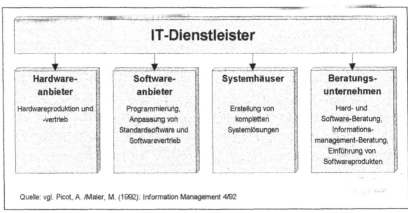

Quelle: vgl. Picot, A. /Maier, M. (1992): Information Management 4/92

Abbildung 2-1: Unterteilung der IT-Dienstleister

Gemeinsam mit der Einführung des Neuen Steuerungsmodells erweitern sich die Möglichkeiten für die externen Dienstleister. Dabei werden vor allem die Software-Anbieter (zum Beispiel durch vermehrte Anpassung von Standardsoftware), die Systemhäuser (durch zunehmende „Alles-aus-einer-Hand-Entscheidungen") und die Beratungsunternehmen (durch Konzeptionierung und Einführungsunterstützung, Projektmanagement usw.) davon profitieren. Für die Hardware-Anbieter bleibt nur die Möglichkeit, ihre Dienstleistungs-Palette zu erweitern, um weiter im Geschäft zu bleiben. Sobald sie jedoch ihre Dienstleistungs-Palette ändern, können sie nicht mehr eindeutig zu den Hardware-Anbietern gezählt werden.

2.3   Formen von externen IT-Dienstleistungen

Bei den Formen von externen IT-Dienstleistungen soll zwischen:

* klassischen Dienstleistungen und

* Dienstleistungen unter Beachtung des Neuen Steuerungsmodells

unterschieden werden. Nachfolgend werden die einzelnen Formen aufgezählt.

2.3.1 Klassische IT-Dienstleistungen

Die Bandbreite klassischer externer IT-Dienstleistungen ist groß. Dazu zählen beispielsweise Aufgaben wie:

* Beratung und Planung von Hardware und Software

* Beschaffung von Hardware und Software

* Aufbau von Informationssystemen

* Netzdienste und Netzmanagement

* Rechenzentren-Betrieb vor Ort

* Betrieb von Anwendungen

* Systemintegration

* Programmierleistungen

* Support, Betreuung und Hotline

* Schulung und Training

* Wartungsleistungen

- Druckservice usw.

Neben den klassischen Dienstleistungen sind seit den Überlegungen zum Neuen Steuerungsmodell neue Dienstleistungen hinzugekommen.

2.3.2 Dienstleistungen unter Beachtung des Neuen Steuerungsmodells

Versuchten die öffentlichen Verwaltungen früher so viel wie möglich selbst zu übernehmen, zwingt die steigende Komplexität, die intensive Nutzung der Informations- und Kommunikationstechnik und das fehlende Know-how sie zu einem Umdenken. Denn die gewachsenen Ansprüche können nur noch spezialisierte Firmen mit sehr viel Know-how auf diesem Gebiet erfüllen. Diese bieten den Kommunen diese komplexen Dienstleistungen an.

Wie schon bei der Bewertung der Anbieter gesagt wurde, eröffnen sich dadurch gerade bei Software-Anbietern, Systemhäusern und Beratungsunternehmen neue Möglichkeiten. Die Kommunen benötigen dringender als je zuvor Hilfe. Dabei erstreckt sich die Dienstleistungs-Palette von:

- Beratung zum Einsatz von Datenverarbeitungs-Verfahren
- Erstellung von IT-Konzepten, Ist- und Soll-Analysen
- Erstellung von Verfahrens- und Problemanalysen
- Kommunikationsanalysen
- Bedarfsgerechte Umgestaltung und Anpassung der Arbeitsabläufe
- Planung und Einführung von Führungs- und Fachinformationssystemen
- Beratung und Einführung von Verfahren (Budgetierung, Rechnungswesen, Controlling)
- Übernahme der gesamten IT der Kommune
- Übernahme von Teilbereichen der Kommune
- Softwareentwicklung und -anpassung
- Projektmanagement
- Datenmanagement
- Integrierte Vorgangsbearbeitung

- Qualitätssicherung usw.

Die Aufstellung macht deutlich, daß der Umfang von externen Dienstleistungen enorm gewachsen ist. Waren es früher eher „Nebenarbeiten" gehen die heutigen Dienstleistungen in den Managementbereich.

Im Unterschied zu den klassischen Dienstleistungen steht der Kommune heute ein Partner zur Verfügung, der die Verantwortung für die komplette Informationsverarbeitung übernimmt und das gesamte Informationstechnologie-Spektrum von Beratung bis zum Komplettbetrieb abdeckt. Kerngeschäft des IT-Dienstleisters ist es, mit Hilfe von Informationsverarbeitung und Branchenkenntnissen einen Mehrwert für den Kunden - bei dessen ureigenster Zielvorgabe, den kommunalen Dienstleistungen - zu schaffen. Für die Stadt- und Gemeindeverwaltungen entstehen dadurch wertvolle Freiräume für ihre eigenen Kernaufgaben, sie können sich auf bürgernahen Service konzentrieren.

2.4   Zusammenarbeit zwischen Kommune und externem Dienstleister

Genau wie bei privaten Unternehmen wächst ständig auch bei den Behörden die Bereitschaft, externe Unterstützung für die Neuorientierung und Umstrukturierung einzusetzen.

Externe Dienstleister können aber nicht als Allheilmittel betrachtet werden. Sie sollten nur Hilfe zur Selbsthilfe geben, gewissermaßen als Sparringspartner wirken und Engpässe in der Umsetzung von strategischen Maßnahmen lösen.

Die Zusammenarbeit mit einem externen Dienstleister wird dann für eine Verwaltung als sinnvoll gesehen, wenn innerhalb der Verwaltung die Kompetenz, die für die Beantwortung komplexer Fragestellungen bei Planung und Einsatz von Informationstechnik erforderlich ist, nicht selbst abdeckt werden kann. Damit die Inanspruchnahme eines externen Dienstleisters erfolgreich sein kann, sollten die Kommunalverwaltungen nachfolgende Punkte berücksichtigen:[1]

- Da der Markt der Dienstleister sehr unübersichtlich und es für die Kommunalverwaltungen sehr schwierig ist, die Spreu vom Weizen zu trennen, empfiehlt die Kommunale Gemeinschaftsstelle für Verwaltungsvereinfachung (KGSt), eine Prüfung des externen Dienstleister bezüglich einschlägiger und erfolgreicher Erfahrungen im Kommunalbereich durchzuführen. Sie warnt eindringlich vor dem Abschluß von Verträgen mit Unter-

nehmen, die über keine Referenzen im Kommunal- bzw. öffentlichen Bereich besitzen.
Es wird sogar empfohlen, diese fehlende Referenzen als „K.O.-Kriterium" zu setzen.

• Bevor der Entschluß über den Einkauf einer externen Dienstleistung fällt, sollte die
Kommunalverwaltung intern prüfen, ob sie für den Umgang mit externen Dienstleistern
hinreichend kompetent ist. Eine Beteiligung von externen Dienstleistern verlangt in
mehrfacher Hinsicht personalintensive und damit kostenintensive Verwaltungsleistung.
Im folgenden werden Beispiele für zusätzliche verwaltungsinterne qualifizierte Perso-
nalkapazitäten genannt:

  – Auftragsformulierung: Die verantwortlichen Mitarbeiter oder Mitarbeiterinnen müssen
    für die Formulierung des Auftrages eine klare Vorstellung vom Sachverhalt des Be-
    ratungsgebietes haben.

  – Leistung vom Dienstleister: Die Verwaltung muß in der Lage sein, die vom externen
    Berater abgelieferte Leistung (zum Beispiel ein Gutachten oder eine Analyse) als
    vertragsmäßig und umsetzungsfähig zu bewerten und abzunehmen.

  – Umsetzung der Beratungsleistung: Externe Berater liefern Beratungen, keine ferti-
    gen Lösungen. Für die Umsetzung der Beratungsleistungen ist wiederum verwal-
    tungsinternes qualifiziertes Personal notwendig.

Um zu vermeiden, daß Gutachten oder Analysen von externen Dienstleistern „einstau-
ben", weil die Aufträge nicht klar formuliert wurden, die Inhalte und Vorschläge unbrauch-
bar sind oder die Verwaltung nicht in der Lage ist, die Empfehlungen für sich zu nutzen,
erfordert die Vergabe von Aufträgen an externe Dienstleister sowohl eine sorgfältige
Prüfung des Dienstleisters und seines Angebotes, als auch der eigenen Kompetenz.[2]

Der Verfasser schließt sich der Meinung der Kommunalen Gemeinschaftsstelle für Verwaltungsvereinfachung (KGSt) an, die empfiehlt, nach der Grundentscheidung für das
neue Steuerungskonzept eine Strategieplanung auszuarbeiten und dazu einen Prozeßbe-
rater (intern oder extern) heranzuziehen, da sonst der schwierige Änderungsprozeß nur
schwer vorankommt.[3]

[1] vgl. KGSt-Bericht 7/1991 (1991), S. 16
[2] vgl. KGSt-Bericht 7/1991 (1991), S. 17
[3] vgl. KGSt-Bericht 12/1991 (1991), S.43

2.5 Resümee zu IT-Dienstleistungen für Kommunen

Die bestehende informationstechnische Infrastruktur in den Kommunen ist veraltet und entspricht nicht mehr den gestiegenen Anforderungen. Hinzu kommt, daß die Weiterentwicklung der Informationstechnik und der Gesellschaft die öffentliche Verwaltung in mehrfacher Hinsicht vor neue Herausforderungen stellt:[1]

- zur Erfüllung ihrer Funktionen und zum Erbringen ihrer Dienstleistungen muß die öffentliche Verwaltung neue Formen des Geschäftsverkehrs einsetzen

- um Rationalisierungs- und Optimierungsziele zu erreichen, muß die öffentliche Verwaltung die Potentiale der neuen Techniken intern nutzen

- die öffentliche Verwaltung muß einen Regelungsrahmen schaffen, der den sicheren Einsatz neuer Technologien fördert und ihrem Mißbrauch vorbeugt

Nur der Einsatz moderner Informationstechnik ermöglicht effizienteres und wirtschaftlicheres Arbeiten der öffentlichen Verwaltung. Für immer mehr Bereiche und Abteilungen in den Kommunen wird Informationstechnik wichtig, wenn nicht sogar notwendig. Deshalb wird von den Anwendern und von den Betreuern der Informationstechnik mehr Kompetenz und Know-how erwartet. Hinzu kommen immer mehr Probleme im Hinblick auf einen optimalen, sicheren und fehlerfreien Einsatz der Informationstechnik-Systeme.

Da die Kommunen nicht über das entsprechende eigene Know-how verfügen, liegt es nahe, die Informationstechnik-Aufgaben an einen externen Dienstleister zu übertragen. Damit werden eigene Ressourcen geschont, eingespart und können in anderen Bereichen eingesetzt werden.

Die Dienstleistungs-Anbieter der Software- oder IT-Branche decken dabei das gesamte Dienstleistungs-Spektrum ab und bieten den Kommunen neben der Beratung, Planung und Erstellung eines Systems oder Verfahrens auch die Beschaffung, Installation, Einführung, Umgestaltung, Anpassung und den Betrieb des Systems an. Hinzu kommen noch Leistungen wie Support, Betreuung, Schulung, Training und Hotline und projektbezogene Dienstleistungen wie Projektmanagement, Qualitätssicherung usw.

Generell kann man sagen, daß die Ausnutzung moderner Techniken ohne eine umfassende individuelle Beratung, die sowohl die softwaretechnischen Möglichkeiten als auch

---

[1] vgl. Bundesministerium für Wirtschaft (1996), S.115

die organisatorischen Veränderungen kompetent beachtet, kaum mehr realisierbar ist. Hier zeigt sich ein umfassendes Verständnis von IT-Dienstleistungen: Technik und Organisation werden ganzheitlich berücksichtigt; darüber hinaus zeichnen sich die IT-Dienstleistungsunternehmen dadurch aus, daß sie nicht nur Konzepte erstellen, sondern auch die Realisierung und damit letztlich die Verantwortung übernehmen.

Besonders anzumerken ist, daß die Auswahl des „richtigen" Dienstleisters entscheidend für den Erfolg der Projekte ist. Deshalb ist genau abzuwägen, ob nach dem „billigsten" Anbieter oder nach dem „günstigsten" Anbieter Ausschau gehalten werden soll. Denn am Schluß kann es sein, daß das billigste Angebot mehr kostet (zum Beispiel wenn der Anbieter während der Realisierung sein Geschäft aufgeben und ein neuer Anbieter gesucht werden muß).

Beachtenswert ist ebenso, daß auch hochentwickelte Informationstechnik keine Garantie für die erfolgreiche Durchführung einer Verwaltungsreform ist. Informationstechnik wirkt eher wie ein Katalysator: Sie ermöglicht Reaktionen und Entwicklungen, die in der Umgebung des Katalysators schon angelegt sind und von dieser begünstigt werden. Der Verfasser ist der Meinung, daß Informationstechnik eine notwendige, aber nicht ausreichende Bedingung für die Verwaltungsreform ist.

3 Outsourcing - eine Alternative für Kommunen

In diesem Abschnitt soll Outsourcing als eine Möglichkeit beschrieben werden, wie sich Kommunen - wie im Neuen Steuerungsmodell gefordert - auf ihr Kerngeschäft konzentrieren und gleichzeitig die Defizite im Bereich Personal, Know-how und Geld ausgleichen können, um die Ziele der Verwaltungsreform schneller und effizienter zu erreichen. Dabei soll gezeigt werden, ob das in der Privatwirtschaft verwendete Outsourcing auch in Kommunen Anwendung finden kann. Desweiteren sollen die Gründe, das Dienstleistungsspektrum, die Outsourcing-Anbieter und Bewertungsmodelle zur Outsourcing-Entscheidung näher betrachtet werden.

3.1 Definition und Abgrenzung des Begriffes „Outsourcing"

Der Begriff „Outsourcing" stammt wie so viele Marketingbegriffe aus dem amerikanischen Wirtschaftsleben und wurde hauptsächlich in der Privatwirtschaft benutzt. In den letzten Jahren ist der Begriff immer häufiger im öffentlichen Bereich zu hören. Er setzt sich zusammen aus den englischen Wörtern: „outside" (außerhalb), „resource" (Mittel) und „using" (benutzen).[1] Aus dem Begriff selbst läßt sich schon seine Bedeutung ableiten: die Inanspruchnahme von externen, also außerhalb des Unternehmens oder der Kommune verfügbaren Ressourcen und Dienstleistungen zur Erfüllung eigener Aufgaben. Überwiegend vollzieht sich dieser Vorgang im Sinne einer Auslagerung bestimmter Leistungen, die bislang innerbetrieblich erbracht wurden, und deren Wiedereinkauf vom externen Dienstleistungsunternehmen. Als Outsourcing werden inhaltlich alle Services bezeichnet, die zwar grundsätzlich vom Anwender selbst durchgeführt beziehungsweise erfüllt werden könnten, bei denen jedoch strategische Vorteilsgründe eine Auslagerung empfehlenswert machen.[2] Der Begriff „Outsourcing" wird dabei keineswegs nur in Bezug auf die Informationsverarbeitung verwendet, auch in anderen betrieblichen Funktionsbereichen gilt er als Synonym für die Auslagerung und den Fremdbezug von Leistungen. Er wird eingesetzt in Bereichen wie:

- dem betrieblichen Fuhrpark
- der Gebäudereinigung
- dem Objektschutz

- der Kantine

- der Reparatur- und Instandsetzungsabteilung

- der Kopierabteilung

- der Buchhaltungsabteilung

- der Steuer- und Rechtsabteilung usw.

Es hat sich aber durchgesetzt, daß mit dem Begriff „Outsourcing" vor allem Aktivitäten im Bereich der Informationsverarbeitung beschrieben werden. Als bedeutungsgleich für Outsourcing im Bereich der Informationsverarbeitung stehen im deutschen Sprachgebrauch auch die Begriffe „Fremdbezug", „Fremdbeschaffung" oder „Datenverarbeitung außer Haus". In den folgenden Ausführungen findet ausschließlich der Begriff „Outsourcing" Verwendung.

Beim Outsourcing der Informationsverarbeitung wird in der Literatur noch zusätzlich zwischen Ausgliederung und Auslagerung unterschieden.[3] Dabei wird unter Ausgliederung die Übergabe der Verantwortlichkeiten an eine innerbetriebliche Abteilung oder an ein Tochter- oder Gemeinschaftsunternehmen verstanden. Einige Autoren[4] bezeichnen die Ausgliederung der Informationsverarbeitung auch als „Inhouse-Outsourcing". Betrachtet man die Wortschöpfung kritisch, so erkennt man einen Widerspruch zwischen ihr und der eigentlichen Definition des Outsourcing (eine Inanspruchnahme externer Ressourcen). Die Widerspruch zeigt sich in der Ungleichheit der Begriffe: Inhouse↔Outsourcing.

Bei der eigentlichen Auslagerung wird ein externes Dienstleistungsunternehmen mit der Erbringung von Teilleistungen oder auch mit der Übernahme der Gesamtverantwortung für die Informationsverarbeitung des Unternehmens oder der Kommune beauftragt. Dabei handelt es sich um ein rechtlich und kapitalmäßig unabhängiges Unternehmen. In dieser Ausarbeitung soll nur die Auslagerung (zum Beispiel an einen externen Dienstleister) als Outsourcing-Komponente betrachtet und die Ausgliederung (zum Beispiel an ein Tochterunternehmen) außer acht gelassen werden.

---

[1] vgl. Köhler-Frost, W. (1995), S.13
[2] vgl. Heinrich, W. (1992), S.24
[3] vgl. Bongard, St. (1994), S.87ff.
[4] vgl. u.a. Bongard, S. (1994), S.89; Streicher, H. (1993), S.18

3.2 Outsourcing-Varianten und -Dienstleistungen

Beim Outsourcing öffnet sich dem Nutzer ein weites Spektrum an Möglichkeiten, die alle sinnvoll sind und praktiziert werden. Es muß prinzipiell von Einzelfall zu Einzelfall entschieden werden, welche Methode die günstigste für die Kommune ist.

3.2.1 Outsourcing-Varianten

Dabei gibt es für den Anwender vier mögliche Grundvarianten (siehe Abbildung 3-1).

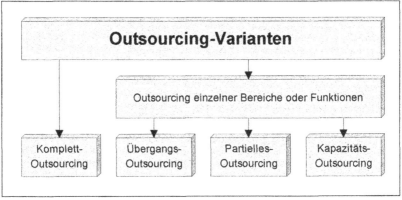

Abbildung 3-1: Outsourcing-Varianten

Komplett-Outsourcing stellt den höchsten Grad einer Auslagerung dar. Hierbei werden alle Informationstechnologie-Leistungen und -Funktionen in die Verantwortung eines externen Dienstleisters übergeben.

Übergangs-Outsourcing wird meist bei neuen und umfangreichen Projekten gewählt. Dabei werden die Projekte in Zusammenarbeit mit dem Outsourcing-Dienstleister durchgeführt. Zwischen Anwender und Anbieter wird eine Übergangszeit vereinbart (meist mehr als ein Jahr). Das neue System oder Projekt läuft zunächst extern beim Dienstleister und wird nach Gewährleistung der Funktionsfähigkeit und Sicherheit ins eigene Unternehmen integriert.

Beim **partiellen Outsourcing** handelt es sich um ein Teil-Outsourcing bestimmter Bereiche. Immer mehr Unternehmen stellen sich die Frage nach einer dauerhaften Auslagerung komplexer und vollständiger Anwendungsgebiete zu einem externen Dienstleister.

Bei dieser Form des Outsourcings behält das Unternehmen seine Datenverarbeitung und vergibt nur bestimmte Anwendungsgebiete, wie zum Beispiel Lohn- und Gehaltsabrechnung oder Finanzbuchhaltung, an den externen Dienstleister.

Das **Kapazitäts-Outsourcing** stellt eine günstige Möglichkeit dar, Überkapazitäten der betrieblichen Datenverarbeitung in Spitzenzeiten abzubauen. Der Anwender behält dabei alle Fähigkeiten und Anlagen im Prinzip bei sich und nutzt nur bei Spitzenbedarf Outsourcing-Leistung des externen Dienstleisters. Diese Outsourcing-Form stellt jedoch wegen ihrer Eigenheiten (zum Beispiel keine genaue Kostenkalkulation oder nicht genau vorher bestimmbare Nutzungskapazitäten) noch eine Ausnahme dar.

Bei Entscheidungsprozessen stehen Chancen und Vorteile den Nachteilen und Risiken gegenüber. Dabei sieht man, daß bei einfachen Dienstleistungen die Risiken einer Auslagerung gering sind. Allerdings sind auch die zu erwartenden Einsparungen begrenzt. Mit der Zunahme der Tätigkeiten und Funktionen steigen Nutzen und Risiken der Outsourcing-Entscheidung. In Abbildung 3-2 ist dies schematisch dargestellt.

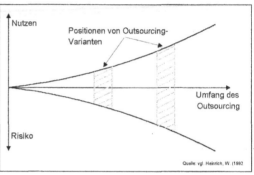

Abbildung 3-2: Bewertung von Outsourcing-Varianten

3.2.2 Outsourcing-Dienstleistungen

In öffentlichen Verwaltungen sind IT-Dienstleistungen durch Dritte generell genauso möglich wie in privaten Unternehmen. Im Gegensatz zu privaten Unternehmen sind die Aufgaben und die Aufgabenwahrnehmung der öffentlichen Verwaltung gesetzlich festgelegt. Deshalb sind gesetzliche, teilweise verfassungsrechtliche Vorgaben beim Outsourcing in der öffentlichen Verwaltung zu berücksichtigen. Darauf wird im Punkt 3.7 dieser Arbeit näher eingegangen.

Die outsourcing-fähigen Tätigkeiten der öffentlichen Verwaltung in der Informationsverarbeitung erstrecken sich von:[1]

- Planung der IT-Leistung

  (bezieht sich auf die gemeinsame Planung von IT-Leistungen und die Festlegung der dafür erforderlichen Ressourcen)

- Ressourcen-Beschaffung

  (umfaßt sowohl die Beschaffung von Hardware und Software als auch von Personal und Know-how)

- Rechenzentrums-Dienstleistungen

  (dazu zählen: Operating, Datenbanksysteme/Tools, Anwendungssoftware, Betrieb von Batch-Anwendungen und von Online-Anwendungssystemen, Datensicherung, Systemdokumentation, Übernahme des gesamten Rechenzentrums)

- Bereitstellung und Betrieb von Local, Wide und Global Area Networks

  (wie zum Beispiel: Netzwerkbereitstellung, Netzwerkbetrieb und -management, Übernahme eines vorhandenen Netzes)

- Recovery-Services

  (Risikoanalyse und Beratung von Wiederanlaufstrategien, Bereitstellung von erforderlichen zusätzlichen Ressourcen, inklusive Hardware, Räume und Personal)

- Facilities- und System-Management

  (umfaßt den Komplett-Betrieb von Hard- und Software des Outsourcing-Nehmers oder Teilbereiche davon)

- Client-Server-Services

  (einschließlich Beschaffung, Betrieb und Betreuung von Hard- und Software)

- Wartung

  (Pflege und Betreuung der Hardware)

- Informationsverarbeitungs-Controlling

  (umfaßt Beratungsdienstleistungen)

- Haustechnik

---

[1] vgl. Büllensbach, A. (1995), S. 116ff.

(Betrieb von eventueller Zugangs-, Brandschutz- und Einbruchskontrollsysteme, Verlegung und Wartung der Inhouse-Verkabelung)

- Datenvernichtung

(datenschutzgerechte Vernichtung von Ausdrucken, Akten und Datenträgern)

Hinzu kommen noch Aufgabenbereiche wie:

- Beratung

- Schulung

- Programmierung

- Qualitätssicherung

- Support usw.

In Größe, Beschaffenheit und Dauer der Zusage, Bandbreite der vom Anbieter wahrgenommenen Verantwortung, Technologieerweiterungen und -verbesserungen, Systemwechsel und die Erweiterung um Managementkomponenten unterscheiden sich heutige Anbieter-Kunden-Beziehungen von jenen vor einigen Jahren.[1] Die Outsourcing-Dienstleistungen schließen nicht nur das traditionelle Systemdesign oder die Auftragsprogrammierung ein, sondern umfassen auch vorgelagerte (zum Beispiel Unternehmens- und Strategieberatungen) und nachfolgende (zum Beispiel Support und Kundenservice) Dienstleistungen. Der Käufer baut häufig eine „Ein-Lieferanten-Beziehung" auf, um ein komplettes Paket an Produkten und Dienstleistungen zu erhalten. Dadurch verringert sich der Kommunikations- und Koordinationsaufwand zwischen Lieferanten und Kunden, da nur noch mit einem Partner verhandelt werden muß. Der Dienstleister übernimmt letztlich vermehrt Managementaufgaben für den Kunden.

3.3   Outsourcing-Anbieter

Je nach Outsourcing-Umfang und Outsourcing-Variante sind die damit verbundenen Aufgaben sehr komplex. Für eine optimale Umsetzung der gestellten Ziele ist es erforderlich, den richtigen Outsourcing-Partner zu finden. Von der Anbieterauswahl hängt entscheidend der Erfolg des Projektes ab. Zur Bewertung der Anbieter ist es erforderlich, den Anbietermarkt zu analysieren.

Das rapide Wachstum des Outsourcing-Marktes hat in den letzten Jahren dazu geführt, daß Unternehmen aus vielen Segmenten der IT-Branche angelockt wurden. Dadurch agieren Anbieter unterschiedlichster Qualität in diesem Markt, die sich je nach Angebotsbreite und Angebotstiefe unterschiedlich spezialisiert haben.[1]

- Zur ersten Kategorie gehören **Hardware-Anbieter**. Diese verfügen meist über entsprechendes Know-how und langjährige Beziehungen zu den Kommunen. Diese Gruppe erweitert ihre Dienstleistungs-Palette durch das Outsourcing, um die eigenen Installationen und das Servicegeschäft zu unterstützen. Als nachteilig kann aber die Tatsache gesehen werden, daß sie die Angebote meist nicht herstellerunabhängig gestalten (da sie ihre eigene Hardware verkaufen wollen) und so Kunden abschrecken, da diese in ihrer eigenen freien Auswahl der Hardware eingeschränkt werden.

- Eine zweite Gruppe bilden die durch Ausgliederung entstandenen **Systemhäuser**, die auf dem Markt meist einen Full-Service an Outsourcing-Dienstleistungen anbieten. Der Vorteil dieser Gruppe ist die Herstellerunabhängigkeit und breite Dienstleistungs-Palette.

- **Beratungsunternehmen** bilden die dritte Gruppe. Ihre Dienstleistungs-Palette erstreckt sich meist von der Beratungsdienstleistung bis zur Anwendungsentwicklung. Oft werden diese Unternehmen zusätzlich hinzugezogen, um im Vorfeld das Outsourcing zu planen und vielleicht den Prozeß zu begleiten.

- **Rechenzentren** bieten meist zusätzlich zu ihren bestehenden Kunden noch freie Kapazitäten für den Betrieb an. Neben dem Betrieb zählen auch Software-Entwicklung und Beratung zum Spektrum der Dienstleistungen. Durch die räumliche Gebundenheit entsteht ein Nachteil für die Rechenzentren.

- Die fünfte Gruppe bilden **kleine Unternehmen**, die ihre Dienstleistungs-Palette nach und nach erweitern, um sich so am Wachstumsmarkt Outsourcing zu beteiligen. Gerade im Bereich der öffentlichen Verwaltung dürfte diese Gruppe beim Outsourcing kaum eine Rolle spielen, da dort die finanzielle Situation und die Marktstellung des Anbieters von großer Bedeutung sind.

Diese kurze Zusammenstellung macht deutlich, wie unterschiedlich die Anbieter auf dem Outsourcing-Markt sind. Nicht jeder Anbieter ist in der Lage, die gleiche Leistung in glei-

---

[1] vgl. Cunnigham, A./Fröschl, F. (1995), S.38

chem Umfang und gleicher Qualität zu erbringen. Deshalb sollte die Auswahl des Outsourcing-Anbieters nach auszulagernden Aufgaben und Funktionen bestimmt werden. Kriterien, nach denen der Outsourcing-Anbieter ausgesucht werden sollte, sind:[2]

- Erfahrungen, Ansehen, Zuverlässigkeit und Garantie des Anbieters
- Referenzen
- finanzielle Stärke und Marktstellung
- Branchenkenntnisse
- Innovationsfähigkeit
- neuester technologischer Stand
- Dienstleistungen aus einer Hand
- Datensicherheit und Datenschutz
- Globalität und lokale Präsenz usw.

3.4 Gründe für die Outsourcing-Entscheidung

Vor einer Outsourcing-Entscheidung muß geklärt sein, was die Kommune mit Outsourcing erreichen will und was die Gründe für Outsourcing sind.

Outsourcing-Bestrebungen gehen meist von der schnellen Entwicklung im Bereich der Informationstechnik und daraus resultierender Probleme aus. Sie umfassen Schwierigkeiten wie:[3]

- immer kürzere Innovationszyklen bei Hard- und Software und dadurch bedingte Anpassungsprobleme
- Notwendigkeit der Realisierung neuer Konzepte
- zu wenig qualifizierte Mitarbeiter
- Sicherheitsprobleme und Ausfallrisiken usw.

[1] vgl. Bongard, S. (1994), S.94
[2] vgl. Mertens, P./Knolmayer, G. (1995), S.39; Streicher, H. (1993), S.87; Cunningham, P./Fröschl, F. (1995), S.28
[3] vgl. Schwarze, J. (1995), S.5

Im einzelnen gibt es ein weites Spektrum von Gründen, die für eine Outsourcing-Entscheidung in der öffentlichen Verwaltung sprechen:

- Besinnung auf die Kernkompetenzen und Auslagerungen

- Forderungen nach Effizienzsteigerung

- allgemeiner Kostendruck

- unzureichende Qualifikation der Mitarbeiter; ungenügende Fortbildungsmöglichkeiten

- unzureichende Qualität der bestehenden Informationstechnik

- zunehmende Komplexität im Bereich der Informationstechnik

- Probleme beim Hardware- und Netzwerk-Management usw.

Diese Liste ließe sich beliebig weiterführen. Sie zeigt auch, daß einige Gründe dabei sind, die auch von der Verwaltungsreform gefordert werden. Der Verfasser ist der Meinung, daß Outsourcing bei Gründen wie: Besinnung auf das Kerngeschäft oder Steigerung der Effizienz usw. auf jeden Fall mit einkalkuliert werden sollte.

Um bei der Überlegung (interne Lösung oder Outsourcing) eine bessere Entscheidung treffen zu können, werden verschiedene Hilfsmittel zur Entscheidungsfindung angewandt.

3.5 Outsourcing-Bewertungsmodelle

Zur Gegenüberstellung der Inhouse- beziehungsweise Outsourcing-Leistungen werden verschiedene Modelle eingesetzt. Im folgenden soll gezeigt werden, wie Entscheidungen über die Auslagerung von IT-Aufgaben mit den methodischen Instrumentarien der Betriebswirtschaftslehre unterstützt werden können. In Abhängigkeit von der Art der fremd-bezogenen Informationsdienstleistungen und der jeweiligen Ausgangssituationen der Kommunen werden einfache Kostenvergleiche, Portfolio-Modelle, Flußdiagramme, Argumentations- oder Punktbewertungsmodelle dafür benutzt.

3.5.1 Kostenvergleiche

Kostenvergleichsmodelle dienen der Gegenüberstellung der voraussichtlichen Kosten beziehungsweise Erlöse für die interne Lösung und die Outsourcing-Entscheidung über die Vertragsdauer hinweg. Sie ermöglichen sehr einfach die alternativen Szenarien zu entwerfen und zu bewerten. In solch einer Gegenüberstellung beschränkt sich der Vergleich auf die damit verbundenen Kosten. Andere aufgabenbedingte gegenseitige Abhängigkeiten werden bei diesen Modellen vernachlässigt.[1] Das kann als Nachteil angesehen werden. In der Praxis werden diese Modelle nicht als alleinige Entscheidungsgrundlage angewandt. Meist werden zusätzlich noch andere Vergleiche durchgeführt. Abbildung 3-3 zeigt eine einfache Gegenüberstellung von Kosten und Erlösen einer internen Lösung und Outsourcing.

Inhouse-Lösung		Outsourcing	
Kosten	**Erlöspotential**	**Kosten**	**Erlöspotential**
Personal	Verkauf von DV-Leistungen an Dritte	Bereitstellung von Ressourcen	Verkauf von Hardware
Hardware		Übertragungsleistungen	Aktivierung/Verkauf von Software
Software-Equipment		Druckleistungen	Auflösung von Pensions-
Transaktionskosten:			rückstellungen
- Hardwareanbieter		Transaktionskosten	
- Softwarefirmen		- Outsourcing-Dienstleister	
- Serviceanbieter		- Betriebsrat/AN-Vertreter	
- IT-Berater			

Quelle: Cunningham, P./Fröschl,F. (1995)

Abbildung 3-3: Kostenvergleich bei Inhouse-Lösung und Outsourcing

Die Kosten für die Outsourcing-Lösung werden von den Anbietern meist in einer monatlichen oder jährlichen Gesamtsumme (Monatsrate beziehungsweise Jahresrate) angegeben. Dabei gehen die Anbieter unterschiedlich an die Preisbildung heran.

Einige Anbieter dividieren die Investitionssumme durch die Anzahl der Jahre und erhalten dadurch den jährlichen Basispreis. Dann rechnen sie kalkulatorische Zinsen und die Wartungskosten dazu. Andere Anbieter wiederum gehen von einem monatlichen Prozentsatz (meist zwei bis vier Prozent) der Investitionssumme aus und addieren die Wartungskosten und erhalten so die jährlichen Outsourcingkosten (siehe Abbildung 3-4).

---

[1] vgl. Cunningham, P./Fröschl, F. (1995), S.148f.

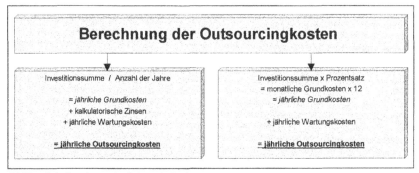

Abbildung 3-4: Berechnung der Outsourcingkosten

3.5.2 Portfolio-Modelle

Bei Portfolio-Modellen werden häufig zwei Kriterien festgelegt (zum Beispiel strategische Bedeutung und Unternehmensspezifität[1]), deren Ausprägungen für die zu beurteilenden Objekte ermittelt und grafisch veranschaulicht werden. Auf den dadurch entstehenden Objekt-Positionierungen basieren Normstrategien zur Behandlung dieser Objekte (siehe Abbildung 3-5).[2]

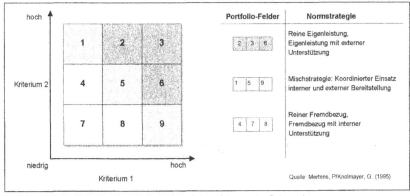

Abbildung 3-5: Portfolio-Modell zur Entscheidung: interne Lösung oder Outsourcing

Kritisch anzumerken ist (wie beim reinen Kostenmodell), daß die einzelnen Aufgaben bestimmten Objekten zugeordnet werden und dadurch keine gegenseitigen Abhängigkeiten Berücksichtigung finden.

---

[1] vgl. Streicher, H. (1993), S.89
[2] vgl. Mertens, P./Knolmayer, G. (1995), S.28

3.5.3 Flußdiagramme

Flußdiagramme dienen der Veranschaulichung von Verarbeitungslogiken. Sie werden aber auch zur Unterstützung von Entscheidungen zwischen interner Lösung und Outsourcing herangezogen. Flußdiagramme zeigen entweder nur grundsätzliche Optionen auf (siehe Abbildung 3-6) oder ordnen als relevant erachteten Einflußgrößen eine bestimmte Entscheidung zu.[1]

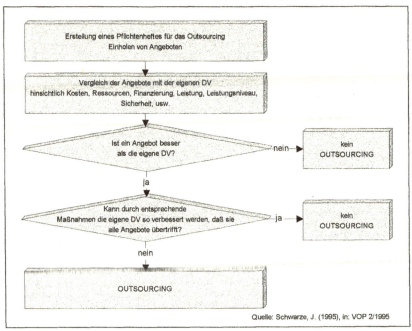

Quelle: Schwarze, J. (1995), in: VOP 2/1995

Abbildung 3-6: Flußdiagramm zur Vorbereitung einer Outsourcing-Entscheidung

3.5.4 Argumentations- und Punktbewertungsbilanzen

Neben den bisher erörterten Modellen werden eine Vielzahl von Einzelargumenten bei der Diskussion rund um Outsourcing verwendet. Diese werden in sogenannten Argumentationsbilanzen gegenübergestellt und bewertet. Diese Methode eines Vergleiches von Vorteilen und Nachteilen zur Ermittlung einer pauschalen Bevorzugung beziehungsweise Ablehnung von Outsourcing besitzt keine Eignung, Outsourcing-Entscheidungen annä-

---

[1] vgl. dazu Flußdiagramm bei Mertens, P./Knolmayer, G. (1995), S.31

hernd glaubwürdig zu unterstützen. „Hier wird grundsätzlich die bei Outsourcing notwendige fallspezifische, subjektive Bewertung der einzelnen als relevant erachteten Kriterien mißachtet."[1] Die Argumentationsbilanz kann aber als Argumentationspool dienen, da in ihr alle Vor- und Nachteile gegenübergestellt sind.

Durch eine zusätzliche Bewertung (Gewichtung) können den Argumenten in Punktbewertungsbilanzen Werte gegeben und sie gegeneinander abgewogen werden. In folgenden sollen die Argumente eines Für und Wider Outsourcing gegenübergestellt werden, ohne dabei eine Gewichtung festzulegen, da diese von Projekt zu Projekt unterschiedlich ist.

Bei der Vielzahl der strategischen Überlegungen und Hintergründe aber auch der großen Anzahl von Anbietern lassen sich eine Vielzahl von Outsourcing-Vorteilen aufzählen. Besonders die Outsourcing-Anbieter werben mit vielen Vorteilen für ihre Outsourcing-Dienstleistungen. Objektiv gesehen läßt sich mindestens für jeden Vorteil auch ein Nachteil anführen. Meist hängen positive und negative Aspekte unmittelbar zusammen.

Nachfolgend sollen die am häufigsten genannten Argumente aufgelistet und genauer betrachtet werden. Dabei wird eine Unterteilung der Pro- und Contra-Argumente nach folgenden Gruppen vorgenommen:

- Strategische Aspekte

- Leistungs-Aspekte

- Kosten-Aspekte

- Personelle Aspekte

3.5.4.1 Vorteile des Outsourcing

Aus der mittlerweile recht zahlreichen Literatur zu diesem Thema[2] wurden die wichtigsten Outsourcing-Vorteile zusammengetragen, in der Abbildung 3-7 dargestellt und im Anschluß daran erläutert.

---

[1] Bongard, S. (1994), S.182
[2] vgl. u.a.: Bongard, St. (1994), S.105ff.; Cunningham, A./Fröschl, F. (1995), S.19ff.; Heinrich, W. (1992), S.74ff.; Köhler-Frost, W. (1994), S.33; Mertens, P./Knolmayer, G. (1995), S.33; Streicher, H. (1993), S.57ff.; Zundel, F. (1992), S.3ff.

Strategische Aspekte

✓ Konzentration auf das Kerngeschäft (personell und finanziell) und auf strategisch wichtige Aufgaben

✓ Steigerung der Flexibilität

✓ Risikotransfer (Verringerung bzw. Verlagerung von Risiken aus der wachsenden technologischen Dynamik und der zunehmenden Komplexität des Einsatzes moderner Informationstechnik)

✓ Standardisierung

✓ Zugriff auf zusätzliches Know-how

✓ Verringerung der personellen Risiken

✓ Zugang zu Innovation und Kompetenz

Leistungs-Aspekte

✓ bessere Leistungen zu geringeren Kosten

✓ Nutzung modernster Technik ohne eigene Investitionen

✓ hohe und vielseitige Kompetenz beim Outsourcing-Partner

✓ Zugang zu speziellem Know-how, das selbst nur schwer und teuer aufzubauen und zu halten ist

✓ klar definierte Leistungen und Verantwortlichkeiten

✓ schnelle Verfügbarkeit von Kapazitäten (geringe Gefahr von Kapazitätsengpässen)

✓ Nutzung der Projekterfahrung des Outsourcing-Partners

✓ starke Serviceorientierung

✓ die Anwendung moderner Entwicklungsmethoden oder die Erstellung der Dokumentationen erfolgt beim Outsourcing-Anbieter meist disziplinierter und effizienter

Kosten-Aspekte

✓ Kostenreduktion im laufenden Betrieb

✓ Vermeidung hoher Investitionsaufwendungen für neue Informationstechnik oder kapazitive Erweiterungen bestehender Anlagen

✓ Umwandlung von Fixkosten in variable Kosten

✓ höhere Kostentransparenz

✓ Reduktion laufender Kosten (durch Mitarbeiterentlastung; geringere Investitionen, Lizenzkosten, Schulungsaufwand, Organisations- und Projektmanagementaufwand)

✓ keine Kosten zur Daten- und Ausfallsicherheit

✓ Verbesserung der Planbarkeit der Kosten für Informationsverarbeitung

Personelle Aspekte

✓ Vermeidung von Problemen bei der Beschaffung von qualifiziertem Fachpersonal

✓ Entlastung des internen DV-Managements von Routineaufgaben

✓ Unabhängigkeit von Personalengpässen

✓ Verringerung der Abhängigkeit von einzelnen DV-Mitarbeitern mit Spezial-Know-how

✓ Verringerung des Personalbestandes im DV-Bereich

Abbildung 3-7: Vorteile des Outsourcing

Aktuelle Untersuchungen zum Thema Outsourcing zeigen, daß die Motive zum Outsourcing nicht allein wirtschaftlicher beziehungsweise finanzieller Natur sind. Zunehmend gewinnen die qualitativen und strategischen Aspekte dieser Entscheidung an Bedeutung.[1] Die wichtigsten Aspekte dabei sind vor allem: Konzentration auf das Kerngeschäft, Kostensenkung, Risikoreduzierung, Wechsel der Informationstechnik-Architektur, Organisationsänderung oder Restrukturierung. Auch die Fragen nach sofortiger Verfügbarkeit von Kapazitäten und Know-how zum schnellstmöglichen Zeitpunkt sind zur Zielerreichung in den Vordergrund gerückt.[2]

Zu den wichtigsten Vorteilen des Outsourcing zählt die Konzentration auf das Kerngeschäft. Da sich der Outsourcing-Anbieter den komplexen IT-Aufgaben widmet, ist es möglich, freigewordenes Personal und auch die Geldmittel in den Kernbereich oder zu anderen strategischen Aufgaben zu geben. Dadurch wird zusätzlich auch die Flexibilität der öffentlichen Verwaltung erhöht.

Ein weiterer Hauptvorteil des Outsourcing ist der schnelle Zugang zu speziellem Know-how. Die Kommune selbst könnte nur schwer und teuer einen Spezialisten aufbauen und diesen auch halten, deshalb ist es günstig, zu jeder Zeit auf den Mitarbeiterstamm des Outsourcing-Anbieter zurückzugreifen zu können. Durch Outsourcing erhält die Kommune Zugang zu Innovationen und Kompetenzen, die im Bereich des Outsourcing-Anbieters liegen. Auch ist es für die Kommune möglich, aus besonderer Projekterfahrung des Outsourcing-Anbieters zu lernen.

Die Investitionskosten für die neue Informationstechnik sind für die Kommunen sehr wichtig. Durch Outsourcing können die hohen Anschaffungskosten vielfach entfallen. So werden die Kosten der Informationstechnik beim Outsourcing verstärkt zu laufenden Kosten, während sie ohne Outsourcing einmalige und laufende Kosten für Anschaffung und Wartung sind. Dadurch findet eine Umwandlung von Fixkosten in variable Kosten statt. Weiterhin erhöht sich die Kostentransparenz, da genau sichtbar ist, wo daß Geld hinfließt. Durch die monatlichen Raten sind die Kosten besser planbar.

Weiterhin sind die Kapazitäten innerhalb kürzester Zeit verfügbar, wodurch die Gefahr von Kapazitätsengpässen gering gehalten wird.

---

[1] vgl. Cunnigham, A./Fröschl, F. (1995), S.19
[2] vgl. Nilsson, R. (1995), S. 165

Desweiteren erfolgt die Einführung von Standardsoftware durch den Outsourcing-Anbieter. Dadurch entfällt die eigene Programmierung.

Ein weiterer Vorteil des Outsourcings ist die Nutzung modernster Technologien. Dadurch wird die Effizienz gesteigert, da Prozeßzeiten minimiert und die Kapazitäten höher ausgelastet werden. Damit verbunden sind auch weitergehende Synergieeffekte für die Behörde, wie beispielsweise die Motivation der Mitarbeiter, neue finanzielle Mittel, neue Organisationsformen oder die Steigerung des eigenen Know-hows.

Das Risiko wird größtenteils an den Dienstleister übertragen (zum Beispiel: für die Investition in neue Rechentechnik, beim Wechsel des Betriebssystems). Außerdem können dem Outsourcing-Anbieter übertragen werden: die Sicherung der Zuverlässigkeit, die Wartung usw.

Zur Bedienung der immer komplexer werdenden Technik wird immer kompetenteres Personal benötigt. Durch Outsourcing verringern sich die Personalprobleme und das interne Personal wird entlastet.

Gerade beim Wechsel des Systems erweist sich das Outsourcing als besonders leistungsfähig. Der Übergang von der zentralisierten Mainframe-Architektur auf ein modernes, netzwerkfähiges Client-Server-System ist ohne Hilfe eines externen Dienstleisters kaum zu verwirklichen.[1]

Wird ein externer Dienstleister mit der Erbringung mehrerer Leistungen beauftragt, so reduziert sich die Anzahl der Verhandlungspartner. Lang andauernde Verhandlungen mit verschiedenen Lieferanten über Software, Hardware, Netzleistungen oder ähnliches können so vermieden werden. Der Kommunikations- und Koordinationsaufwand verringert sich.

3.5.4.2 Nachteile des Outsourcing

Das die Liste der Outsourcing-Vorteile umfangreicher ist als die Liste der Outsourcing-Nachteile, bedeutet nicht, daß die Nachteile bei der Outsourcing-Entscheidung vernach-

---

[1] vgl. Cunnigham, A./Fröschl, F. (1995), S.21

läßigt oder außen acht gelassen werden dürfen. Durch den Verfasser sind die entscheidenden Outsourcing-Nachteile in der Abbildung 3-8 zusammengestellt worden.[1]

Strategische Aspekte
✓ starke, langfristige Abhängigkeit vom Outsourcing-Partner
✓ starre Bindung an die Technologie des Outsourcing-Anbieters
✓ Partner-Wechsel schwierig, fast unmöglich
✓ Akzeptanzprobleme in Fachabteilungen
✓ Abfluß von Kompetenz und Know-how
✓ bei völliger Aufgabe der Know-how-Basis durch Outsourcing ist es fast unmöglich, nach mehreren Jahren den Auslagerungsschritt rückgängig zu machen
✓ Risiko bei der Zusammenarbeit
Leistungs-Aspekte
✓ erhöhter Kommunikations- und Koordinationsaufwand
✓ Know-how-Verlust
✓ Überwindung räumlicher Distanzen
✓ Risiko schlechter Leistungen
✓ schwierige Kontrolle (hoher Kontrollaufwand)
Kosten-Aspekte
✓ Nichteintreffen der erwarteten Kosteneinsparung
✓ Intransparenz und Unkontrollierbarkeit der vom Outsourcing-Anbieter verlangten Preise
✓ einmalige Umstellungskosten
✓ Kosten der Datenübertragung (bei Rechenzentren)
✓ Kosten für administrative Aufgaben und Koordination zwischen beiden Partnern (erhöhter Kommunikations- und Koordinationsaufwand)
✓ Abrechnungsprobleme
✓ nicht abschätzbarer zusätzlicher Aufwand für unvorhergesehene Änderungen
✓ Kosten für den Wiederaufbau einer DV-Abteilung nach Vertragende
✓ schwierige Abschätzung der Preisentwicklung im Bereich der Informationstechnologie und Telekommunikation
Personelle Aspekte
✓ Motivationsproblem der Mitarbeiter
✓ personalpolitische und arbeitsrechtliche Probleme
✓ Verlust von Schlüsselpersonen und deren Know-how

Abbildung 3-8: Nachteile des Outsourcing

---

[1] vgl. u.a.: Bongard, St. (1994), S.105ff.; Cunningham, A./Fröschl, F. (1995), S.21ff.; Heinrich, W. (1992), S.50, 80; Köhler-Frost, W. (1994), S.34; Mertens, P./Knolmayer, G. (1995), S.33; Streicher, H. (1993), S.63ff.; Zundel, F. (1992), S.11ff.

Zunächst negativ erscheint die deutliche Abhängigkeit, in die sich die Behörde durch Abschluß eines langfristigen Outsourcing-Vertrages begibt. Dabei ergibt sich eine starre Bindung an die Technologie des Anbieters und ein Wechsel des Outsourcing-Anbieters ist fast unmöglich.

Das Personal bringt besondere Probleme beim Outsourcing mit sich. Sofern Mitarbeiter nicht vom Outsourcing-Anbieter übernommen werden, müssen sie freigesetzt oder umgesetzt werden. Nicht immer gelingt diese Maßnahme. Die Trennung von Mitarbeitern kann eine negative Auswirkung auf die verbleibenden Mitarbeiter haben und zu einer Demotivation führen. Auch arbeitsrechtliche und tarifliche Regelungen sind dabei zu beachten. Gelingt dagegen die Übernahme oder Umsetzung in andere Fachbereiche, dann fehlen den umgesetzten Mitarbeitern zu Beginn dort die Erfahrungen und die Fachkompetenz.

Bei der Übergabe der Informationstechnik-Leistungen an einen Outsourcing-Anbieter geht selbst erstellte Software und das darin enthaltene Know-how und die Kompetenzen an den Dienstleister über. Verstärkt wird dieser Verlust, wenn Mitarbeiter zum Dienstleister übergehen oder übernommen werden. Dieser Verlust an Know-how ist kritisch, von Dauer und nur mit einem großen finanziellen und materiellen Aufwand wieder auszugleichen.

Außerdem sind die Probleme der Auswahl des Outsourcing-Anbieters und die schwierige und komplexe Vertragsgestaltung nicht zu unterschätzen. Auch Akzeptanzprobleme in den Fachabteilungen können entstehen.

Durch Absprachen und Vereinbarungen zwischen Outsourcing-Anbieter und Kommune erhöht sich Kommunikations- und Koordinierungsaufwand. Gerade wenn verschiedene Fachabteilungen mit externen Partnern zusammenarbeiten, müssen Anforderungen und Leistungen koordiniert und überwacht werden. Hinzu kommt ein erhöhter Kontrollaufwand.

Bei Rechenzentren entstehen hohe Übertragungskosten, auch die Kosten für administrative Aufgaben und die Koordination zwischen beiden Partnern sind nicht zu unterschätzen. Die Kosten für den Wiederaufbau einer Datenverarbeitungs-Abteilung nach Vertragende ist enorm hoch.

3.6 Der Outsourcing-Vertrag

Die Outsourcing-Entscheidung eines Unternehmens oder einer Kommune, die Informationsverarbeitung oder Teile davon an einen externen Dienstleister zu geben, stellt meist den Beginn einer mehrjährigen Bindung und Partnerschaft dar. Dabei spielt der Vertrag eine ausschlaggebende Rolle. In ihm werden alle projektspezifischen Aspekte der Zusammenarbeit geregelt.[1] Dazu gehört nicht nur eine detaillierte Beschreibung der Leistungsinhalte und der juristischen Rahmenbedingungen, sondern auch die Beschreibung von Vorgehensweisen in bestimmten Situationen, die flexible Anpassung oder Änderung bestimmter Leistungsinhalte ist erforderlich.[2] In der Rechtsprechung hat der relativ junge Begriff des „Outsourcing" noch keinen Einzug gehalten.[3]

Die erste Grundlage einer Vertragsbeziehung stellt das Outsourcing-Angebot dar. Im Anschluß daran fixieren Spezialisten der verschiedenen Bereiche beider Seiten die zu erbringenden Leistungen und schreiben diese im Outsourcing-Vertrag fest.

Die Form des Outsourcing-Vertrages richtet sich nach dem von ihm zu regelnden Sachverhalt. So bestehen beispielsweise bei der Übernahme der Systementwicklung ganz andere Regelungsbedürfnisse als bei der Übernahme eines Rechenzentrums. Auch bei Verträgen zur Entwicklung eines komplett neuen Services oder beim Komplettbetrieb unterscheiden sich die Vertragsinhalte. Deshalb hat sich in der Praxis der Abschluß eines Vertragswerkes, bestehend aus einem oder mehreren Einzelverträgen (auch Leistungsbeschreibungen genannt) und einer Rahmenvereinbarung, als sinnvoll erwiesen. Im Rahmenvertrag werden die Sachverhalte geregelt, die für die gesamte gemeinsame Arbeit langfristig Gültigkeit haben und die sich nicht auf eine spezifische Leistung beziehen. In den Leistungsbeschreibungen werden in ausführlicher Form die einzelnen Leistungsmerkmale vereinbart. Um eine bessere Leistungsabgrenzung und Übersicht zu erhalten, ist es in der Praxis üblich, jeden Leistungskomplex durch eine eigene Leistungsbeschreibung zu regeln. Beim Outsourcing gibt es neben den Dauerleistungen, die in den Leistungsbeschreibungen geregelt werden, oft einmalige Leistungsverpflichtungen (wie zum Beispiel bei der Übernahme von alter Hard- und Software durch den Outsourcing-Dienstleister). In diesen Fällen empfiehlt es sich, diese Übernahmegegenstände in separaten Kaufverträgen aufzulisten.

---

[1] vgl. Zundel, F. (1992), S.16
[2] vgl. Hartstang, St./Forster, K. (1995), S.60
[3] vgl. Schüller, Dierk (1992), S.158

Einen gesetzlich geregelten Typ eines Outsourcing-Vertrags gibt es noch nicht. Eher weist ein Outsourcing-Vertrag eine Menge von Leistungsverpflichtungen auf, die unterschiedliche Vertragstypen darstellen, wie beispielsweise Kauf-, Miet-, Dienst- oder Werkvertrag. Beim Outsourcing-Vertrag handelt es sich also um einen zusammengesetzten Vertrag, in dem wahlweise oder kumulativ bestimmte Vertragsarten Anwendung finden. Die wichtigsten Vertragstypen hat der Autor in Abbildung 3-9 zusammengestellt.

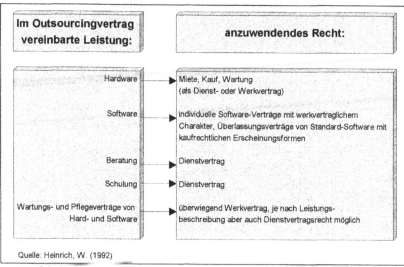

Quelle: Heinrich, W. (1992)

Abbildung 3-9: Grundvertragstypen beim Outsourcing

3.6.1 Der Rahmenvertrag

Im Rahmenvertrag werden alle leistungsübergreifenden Regelungen getroffen, die über die gesamte Dauer des Vertrages bestehen. Im folgenden sollen kurz die Komponenten des Rahmenvertrages genannt und ihre Inhalte erläutert werden:[1]

- Präambel

    enthält die genauen gemeinsamen und einzeln verfolgten Zielsetzungen der Vertragspartner sowie andere für den Vertrag wichtige Motivationsfaktoren; hat keine unmittelbare rechtsverbindliche Wirkung

- Vertragsgegenstand und Vertragslaufzeit

enthält in kurzer und eindeutiger Form eine Beschreibung der Art der Zusammenarbeit, ohne dabei Detailfragen anzusprechen; beinhaltet die Vertragslaufzeit und Bedingungen; auf Zusammenwirken zwischen Rahmenvertrag und Leistungsbeschreibungen wird hingewiesen

* Haftung und höhere Gewalt

    enthält Haftungsvereinbarungen und Risikoabwägungen; Verfahrensweise bei Ereignissen höherer Gewalt

* Gewährleistung

    enthält eine Verpflichtung des Auftragnehmers, Mängel an einer übertragenen Sache kostenlos zu beseitigen; weiterhin beinhaltet sie wichtige Regelungsbereiche wie: Nachbesserungsverpflichtungen (Fristen, Art und Umfang), Minderung oder Wandelung, Schadensersatz, Gewährleistungsfristen

* Schutzrechte

    in der Regel wird der Auftraggeber durch den Auftragnehmer von Ansprüchen aus der Verletzung von Rechten Dritter freigestellt (vor allem für Patent-, Lizenz-, oder Urheberrechtsverletzungen)

* sonstige Regelungen

    zu den sonstigen Regelungen zählen: Abwerbung, Veröffentlichungen, Geheimhaltung und Datensicherheit, Kündigung aus wichtigem Grund (auch Regelungen zur Vorgehensweise nach einer Kündigung)

* Schlußbestimmungen

    beinhalten allgemein übliche Vertragsklauseln wie: Schriftformerfordernis für Vertragsänderung, Gerichtsstandvereinbarung, anzuwendendes Recht, Salvatorische Klausel[2]

3.6.2 Die Leistungsbeschreibung

In der Leistungsbeschreibung wird detailliert beschrieben, welche Leistungen vom externen Outsourcing-Anbieter zu erbringen sind und welche Mitwirkungspflichten die Kommu-

---

[1] vgl. Hartstang, St./Forster, K. (1995), S.62ff.
[2] Salvatorische Klausel: Bei Teilnichtigkeit einer Vereinbarung bleibt der Vertrag bestehen, die betroffene Klausel wird derart abgeändert, daß sie nicht gegen ein Gesetz verstößt.

ne hat. Dabei wird unterschieden zwischen Regelungen zu Leistungsinhalten, zur Leistungsdurchführung und zu sonstigen Regelungen:[1]

- Leistungsinhalte

  enthält eine genaue Beschreibung der Leistungen, die vom Outsourcing-Dienstleister erwartet werden; Beschreibung ist abhängig von der Art der Leistung

- Leistungsdurchführung

  hier vereinbaren die Vertragspartner die Methoden und setzen Parameter für die Leistungsdurchführung; neben den technischen Daten ist auch die Art der Zusammenarbeit zu regeln (Entscheidungswege, Gremien, Zusatzleistungen usw.)

- sonstige Regelungen

  hier werden beispielsweise Nutzungsrechte für Software, Vertragslaufzeiten, Entgelt und Vertragende ausgearbeitet

3.7 Zulässigkeit und Grenzen für Outsourcing-Dienstleistungen in Kommunen

Generell kann gesagt werden, daß private wirtschaftliche Betätigungen nur bei Tätigkeiten der öffentlichen Verwaltung, die unmittelbar mit hoheitlichen Entscheidungen in Zusammenhang stehen, ausgeschlossen sind.[2]

In Bereichen der öffentlichen Verwaltung mit bereichsspezifischen Datenschutzregelungen, wie zum Beispiel in der Innenverwaltung, der Finanzverwaltung oder im Sozialwesen, gibt es Einschränkungen für bestimmte Outsourcing-Dienstleistungen. Neben dem Bundesdatenschutzgesetz können auch die jeweiligen Landesgesetze die Erbringung von Outsourcing-Dienstleistungen durch Private beschränken (zum Beispiel im Meldewesen). Diese Beschränkungen beziehen sich dann aber auf bestimmte Dienstleistungen, machen aber das Outsourcing nicht generell unzulässig.

Dagegen werden Outsourcing-Dienstleistungen sowohl im Bereich Rechenzentrums-Dienstleistungen als auch im Bereich von Netzwerk-Dienstleistungen größtenteils als

[1] vgl. Hartstang, St./Forster, K. (1995), S.66ff.
[2] vgl. Büllensbach, A. (1995), S. 125

technische Hilfstätigkeiten zur Unterstützung hoheitlicher Tätigkeiten angesehen und können somit komplett übernommen werden.

Der im Grundgesetz[1] festgeschriebene Funktionsvorbehalt greift nur bei der Bereitstellung und Pflege von Anwendungssoftware, die direkt der Entscheidungsfindung der öffentlichen Verwaltung dient. Soll dieser Bereich an einen privaten Dienstleister übergeben werden, dann ist ein exaktes, die rechtlichen Anforderungen berücksichtigendes Betriebs- und Administrationskonzept zu vereinbaren, das die Verfügungsgewalt der öffentlichen Verwaltung über diese Software gewährleistet. Jedoch auch hier beziehen sich die Beschränkungen nur auf bestimmte Dienstleistungen. Generell bleibt das Outsourcing zulässig.

In den meisten Bereichen der öffentlichen Verwaltung, wie zum Beispiel im Haushaltswesen, Kultusverwaltung, Wissenschaft und Forschung, Straßen und Verkehrswesen, Bau- und Wohnungswesen, staatliche und kommunale Eigenbetriebe und im Parlament, kann die gesamte Palette der Outsourcing-Dienstleistungen durch Private erbracht werden. Grundsätzlich haben das Bundesdatenschutzgesetz (BDSG) und die entsprechenden Landesdatenschutzgesetze die Datenverarbeitung im Auftrag der öffentlichen Verwaltung durch Private ausdrücklich als zulässig geregelt.[2]

Mit den gegebenen gesetzlichen Regelungen können die datenschutzrechtlichen Verpflichtungen und Sicherheitsanforderungen der öffentlichen Verwaltung vertraglich gewährleistet werden.

In Zukunft ist zu erwarten, daß das EU-Recht zu einer weiteren Öffnung der öffentlichen Verwaltung für den Wettbewerb führen wird und eine entsprechende Anpassung des Grundgesetzes der Bundesrepublik Deutschland erfordert. Die Entwicklung wird dahin gehen, daß Outsourcing zukünftig auch in den Bereichen denkbar sein wird, in denen dies momentan verfassungsrechtlich noch undenkbar ist.[3]

---

[1] vgl. Grundgesetz für die Bundesrepublik Deutschland, Artikel 33 Absatz 4
[2] vgl. Zundel, F. (1992), S.21
[3] vgl. Büllensbach, A. (1995), S.124

3.8 Resümee zum Outsourcing in der öffentlichen Verwaltung

Zusammenfassend kann gesagt werden, daß Outsourcing in der öffentlichen Verwaltung überall dort zulässig ist, wo keine hoheitlichen Aufgaben oder Entscheidungen betroffen werden.

Der Begriff „Outsourcing" gewinnt in der öffentlichen Verwaltung Deutschlands vermehrt an Bedeutung. Trotzdem wird er mit Skepsis betrachtet, was daraus resultiert, daß eine Definitionsunsicherheit besteht.

Viele sehen in Outsourcing nur die von Kritikern vorgetragenen Nachteile: Know-how-Verlust, Abhängigkeit usw. Doch gerade die Vielzahl der laufenden Outsourcing-Projekte in der öffentlichen Verwaltung zeigen das Gegenteil und öffnen neue Wege. Dabei kann Outsourcing natürlich nicht als Patentlösung überall angewendet werden. Für jedes Projekt muß individuell der Umfang und die Möglichkeit des Outsourcing überprüft werden. Vor allem dürfen keine hoheitlichen Aufgaben in Frage gestellt sein. Was in anderen Ländern „zum normalen Alltag" gehört, ist in Deutschland noch im Anfangsstadium. Aber immer mehr Kommunen sehen nicht nur die Nachteile, sondern verbinden mit Outsourcing die Vorteile, wie die Besinnung auf das eigentliche Kerngeschäft, die finanziellen Aspekte, die organisatorischen Vorteile und nicht zuletzt die personellen Vorteile.

Ein Outsourcing-Projekt kann ohne ein starkes gegenseitiges Vertrauen zwischen Behörde und dem Outsourcing-Anbieter nicht realisiert werden, aber es müssen trotzdem objektive und klare Kontrollmechanismen eingebaut werden, um die vereinbarte Qualität der Dienstleistung zu garantieren.

Neben den Bedenken auf der einen und den Vorteilen auf der anderen Seite ist es notwendig, daß die Verwaltung das Outsourcing als eine Chance begreift, sich von Detailfragen auf prinzipielle Fragen der Verwaltung neu zu orientieren, wie dies auch in vielen Konzepten einer schlanken Verwaltung vertreten wird.[1]

Nach Meinung des Verfassers sind die Entscheidungswege in der öffentlichen Verwaltung noch zu lang und dadurch werden die Entscheidungen vor Ort behindert werden. Auch die Verschlossenheit der „Entscheider" gegenüber „Neuen" (zum Beispiel Outsourcing) ist kritisch anzumerken.

---

[1] vgl. Lux, C. (1995), S. 136

Im Hinblick auf die Verwaltungsreform beziehungsweise auf das Neue Steuerungsmodell können sich Kommunen durch Outsourcing verstärkt auf ihre eigenen Kernaufgaben konzentrieren. Dadurch kann Personal, Geld und Know-how in das eigentliche Kerngeschäft fließen und zur Erhöhung der Flexibilität, Effektivität, Effizienz und Bürgernähe - wie es das Neue Steuerungsmodell fordert - beitragen. Kritisch betrachtet werden muß der Aspekt des Preises der Finanzierung eines Projektes innerhalb des Outsourcing. Hierbei soll deutlich gemacht werden, daß die Kommunen in der Regel die Projekte aus Haushaltsmitteln kostengünstiger als private Dienstleister finanzieren könnten. Jedoch wird zu Beginn des Projektes eine hohe Anfangsinvestition fällig, die aufgrund der leeren Haushaltskassen nicht getätigt werden kann. Outsourcing ist zwar eine teurere Finanzierungsalternative aber im Gegensatz zur Selbstfinanzierung durch die Kommunen entfällt die hohe Anfangsinvestition. Die Kosten werden gleichmäßig auf die gesamte Vertragslänge verteilt. Outsourcing ist bezüglich der Kosten somit trotzdem für die Kommunen die günstigere Variante.

Es muß von Projekt zu Projekt abgewogen werden, wo die Schwerpunkte zu setzen sind. Outsourcing ist dabei, sich als eine wahre Alternative auch für Kommunen zu entwickeln, um die Ziele der Verwaltungsreform schneller und effizienter mit Hilfe der Informationstechnik realisieren zu können. Durch die Vergabe von sekundären Verwaltungsbereichen wird eine Verschlankung der öffentlichen Verwaltung erreicht.

Am Beispiel der Senatsbibliothek Berlin sollen die Vorüberlegungen, die Wirtschaftlichkeitsbetrachtungen und die Durchführung eines Outsourcing-Projektes nachfolgend erläutert werden.

4 IT-Dienstleistungen für Kommunen am Beispiel der Senatsbibliothek Berlin

Die Senatsbibliothek Berlin ist eine der Senatsverwaltung für Kulturelle Angelegenheiten nachgeordnete Behörde des Landes Berlin. Als zentrale kommunalwissenschaftliche Spezialbibliothek besteht ihre Kernaufgabe darin, mit einem Bestand von derzeit ca. 465.000 Bänden, 3.600 laufenden Zeitschriften und jährlich ca. 10.000 Neuzugängen die Mitarbeiter der Berliner und Potsdamer Verwaltungen, der in Berlin ansässigen Bundesbehörden, die Kommunalverwaltungen der Bundesrepublik Deutschland und die Bürger der Stadt mit den notwendigen fachlichen Informationen und Materialien zu versorgen.

Neben kommunalwissenschaftlichen Standardwerken und juristischer Spezialliteratur (Gesetzesblätter, Entscheidungssammlungen usw.) bilden Graue Literatur und unkonventionelle Materialien einen besonderen Schwerpunkt im Bestand der Senatsbibliothek. Dazu gehören zum Beispiel Veröffentlichungen von Gebietskörperschaften (wie: Gutachten, Berichte, Planungspapiere, Bestandsaufnahmen) oder Informationen zu Stadt, Kreis, Land und Bund (wie beispielsweise: Kommunales Management, Orts-, Regional- und Landesplanung, Raumordnung, Städtebau, Stadtentwicklung mit Denkmalspflege, Wohnungs- und Siedlungswesen, Bauwesen/Architektur, Regionale Wirtschaft, Fremdenverkehr, Strukturpolitik, Verkehr, Energietechnik, Abfallwirtschaft, Umweltschutz, Sozialpolitik, Kultur, Bildung, Medien, Stadtgeschichte, Kommunale Sicherheit, Öffentliches Gesundheitswesen, Überregionale Beziehungen, Verwaltungsreform usw.).

4.1 Ausgangssituation

Die Senatsbibliothek stand 1992 vor der Tatsache, daß sie die ihr übertragenen Aufgaben nicht im vorgesehenen Umfang erfüllen konnte. Dies lag vor allem an folgenden Hauptproblemen:[1]

- die Benutzung der Bibliothek stieg um ca. 30 Prozent

- die Informationsflut zu kommunalen Themen stieg um ca. 40 Prozent (hauptsächlich war das zum einen eine Frage der Wiedervereinigung: eine halbe Stadt mit ihren Bezirken und die Neuen Bundesländer mußten mit ihren Berichten integriert werden; an-

---

[1] vgl. Lux, C. (1995a), S.127

dererseits wurden auch in den alten Bundesländern vermehrt Berichte und Gutachten erstellt, zum Beispiel zur Verwaltungsreform und zur Realisierung von Projekten)

- immer mehr neue Medien und elektronisch gespeicherte Texte wurden von Ämtern, Stadtverwaltungen und auch Verlagen produziert und an die Senatsbibliothek geliefert
- das Personal stagnierte seit 10 Jahren und hatte keine oder kaum DV-Kenntnisse

Zusammenfassend blieb unter Beachtung der aufgeführten Probleme die Feststellung, daß die Senatsbibliothek mit einem traditionellen Geschäftsgang und ohne zusätzliches Personal erhebliche Mehrleistungen zu erbringen hatte. Als Lösung boten sich der Senatsbibliothek zwei Alternativen an:

➤ Sie zieht sich auf das Medium Buch/Papier zurück, ignoriert alle neuen Medien, bleibt beim traditionellen Kartenkatalog und bedient nur Verwaltungsmitarbeiter und dies möglichst auch nur vor Ort in der Bibliothek,

oder

➤ sie öffnet sich den neuen Techniken und Methoden, ganz gleichgültig auf welchem Medium die Verlage und Verwaltungen ihre Informationen liefern. Sie bietet alle Informationen und ihre fachspezifischen Dienstleistungen vor Ort und über die verschiedensten Netze an, um ihre Akzeptanz und Bürgernähe zu erhöhen.

Richtigerweise wurde entschieden, daß die Automatisierung der bibliothekarischen Geschäftsgänge der einzige Weg aus dieser Situation ist. Viele andere wissenschaftliche Bibliotheken gingen zu diesem Zeitpunkt ebenfalls zur Datenverarbeitung, Online-Bestellung und Volltextsuche usw. über. Schon aus diesem Grunde konnte sich die Senatsbibliothek einer solchen Entwicklung nicht verschließen.

Wie aber sollte diese Aufgabe realisiert werden? Zeiträume von 10 Jahren sind für die Planung von DV-Systemen in öffentlichen Verwaltungen keine Seltenheit.[1] Soviel Zeit hatte die Senatsbibliothek bei der rasanten Entwicklung der Technik und den steigenden Anforderungen nicht. Hinzu kam, daß der erste Schritt zur Datenverarbeitung in Bibliotheken und Behörden eine Analyse des Ist-Zustandes ist, um die Anforderungen an das zukünftige DV-System zu bestimmen, worauf im allgemeinen die Auswahl der Hardware und der fachspezifischen Software folgt. Um diese Untersuchung in der Senatsbibliothek

---

[1]   vgl. Lux, C. (1995b), S.3

durchführen zu können, wären zwei bis drei Spezialisten nötig gewesen, die von ihrer eigentlichen Arbeit freigestellt werden müßten.

Schnell wurde klar, daß es in der Senatsbibliothek weder Personen gab, die in der Datenverarbeitung ausgebildet waren, noch solche, die in der Lage waren, ein derartig anspruchsvolles System zu betreuen. Zusätzlich standen auch die dazu notwendigen Fortbildungsmittel nicht zur Verfügung. Es gab 1992 keinerlei Hoffnung auf neue Personalstellen für die Datenverarbeitung in der Senatsbibliothek. Für ein traditionelles Datenverarbeitungs-Konzept stand also innerhalb der Senatsbibliothek kein eigenes Personal zur Verfügung, um eine laufende Betreuung vor Ort zu sichern.

Neben den mangelnden Personalstellen und dem Know-how-Defizit gab es auch keine zusätzlichen Geldmittel im Investitionshaushalt für ein DV-System der Senatsbibliothek, da dieses ja - nach kameralistischen Prinzipien - schon fünf Jahre früher hätte beantragt werden müssen. Selbst die Forderung nach einer kleineren Summe für ein Bibliothekssystem war in den vorangegangenen Jahren immer wieder abgelehnt worden.

Diese Gründe waren letztendlich ausschlaggebend für die Überlegungen zum Outsourcing. Die gesamte Datenverarbeitung der Senatsbibliothek per Outsourcing zu planen, hatte dadurch gleich zu Beginn drei entscheidende Vorteile:[1]

- es mußte kein eigenes DV-Personal beantragt werden;
- es mußten keine Investitionsmittel (5 Jahre vorher) gefordert werden, sondern die Mittel konnten im normalen Haushaltsbudget (1 1/2 Jahre vorher) beantragt werden;
- Mitarbeiter konnten sich weiterhin auf ihre fachspezifischen Aufgaben konzentrieren

Ungeachtet der Vorteile gab es auch Nachteile. So zeigte sich beispielsweise, daß Outsourcing in der Verwaltung und als Lösung für die Verwaltung noch nicht genügend bekannt war und schon nach den ersten Gesprächen mit den zuständigen Verwaltungen gab es neben vorsichtiger Zustimmung auch heftige Ablehnung. So schlugen die ersten Versuche fehl.

Doch der Informationsbedarf stieg stetig und damit der Druck auf die Dienstleistungen der Senatsbibliothek ebenfalls; gleichzeitig stiegen auch die finanziellen Belastungen im Land Berlin. Hinzu kam, daß ab Anfang 1992 die Ideen der Verwaltungsreform in Berlin heftiger

---

[1]   vgl. Lux, C. (1995a), S.129

diskutiert wurden. Dies alles führte dazu, daß auch Outsourcing im Berliner Abgeordne-
tenhaus und in den Senatsverwaltungen bekannter wurde. Die Diskussionen zur Verwaltungsreform ließen das Outsourcing-Projekt der Senatsbibliothek förderungswürdig er-
scheinen, da ein Ziel der Verwaltungsreform - die Konzentration auf das Kerngeschäft - durch das Outsourcing ermöglicht wird. Die Folge war, daß Ende 1993 Mittel für
einen externen Berater zur Durchführung einer Untersuchung zum Outsourcing und für
das eigentliche Outsourcing-Projekt für 1994 bewilligt wurden.

Besonders die Untersuchung zum Outsourcing sollte den wesentlichen Grundstein für
eine Aussage über die Möglichkeiten von Outsourcing in einer Behörde wie der Senatsbibliothek schaffen. Eine entsprechende Untersuchung durch die Verwaltung selbst hätte
nicht nur Personal und Know-how vorausgesetzt, sondern wäre immer mit Skepsis beur-
teilt und der Voreingenommenheit beschuldigt worden. Weiterhin hätte sie mit Sicherheit
mehr Zeit beansprucht, da in der Verwaltung oftmals verwaltungsinterne Entscheidungen
zu Verzögerungen führen. Hinzu kommt, daß manche Pflichtenhefte zwar rechtzeitig als
Grundkonzept erstellt wurden, sich aber zu lange im verwaltungsinternen Abstimmungsprozeß befanden, so daß sie manchmal schon bei der Fertigstellung als überholt erschie-
nen. Andererseits können von der Verwaltung Aussagen nicht immer in aller Offenheit
formuliert werden, da man den folgenden und auch notwendigen Abstimmungsprozeß
schon voraussieht und mögliche Zugeständnisse oder Rücksichtnahmen einbaut. Dies
wird durch den Auftrag an einen externen Berater grundsätzlich vermieden. Somit konnte
eine objektive und an der konkreten Situation der Senatsbibliothek orientierte Aussage
durch eine Untersuchung externer Spezialisten erwartet werden.[1] Es sprachen also viele
Gründe für eine Vergabe der Leistung an externe Berater.

4.2 Projektplanung

Die Outsourcing-Untersuchung wurde für die Senatsbibliothek Berlin vom Landesamt für
Informationstechnik als Verhandlungsverfahren EG-weit ausgeschrieben. Gegenstand der
Ausschreibung war die Ausarbeitung eines Outsourcing-Konzeptes für ein integriertes
Bibliothekssystem. Der Verwaltung sollte damit möglichst viel Arbeit abgenommen wer-
den. Alle Ergebnisse sollten direkt für die praktische Umsetzung verwendbar sein, um
Doppelarbeit der zuständigen Behörden zu vermeiden und die Realisierung des Projektes

---

[1]   vgl. Lux C. (1995a), S.130

zu beschleunigen. Dabei wurden folgende Bestandteile vom Outsourcing-Konzept erwartet:[1]

- Ausarbeitung eines Outsourcing-Konzeptes für ein integriertes Bibliothekssystem in der Senatsbibliothek auf der Basis einer **Analyse des Ist-Zustandes**

- Erstellung eines **Pflichtenheftes** für das integrierte Bibliothekssystem als Eigenbetrieb (Inhouse-Lösung)

- Erstellung eines **Pflichtenheftes** für das integrierte Bibliothekssystem unter Outsourcing

- Ausschreibung und Empfehlung für eine **Bibliothekssoftware**

- eine **Wirtschaftlichkeitsbetrachtung** beider Lösungen

- Erstellung eines Vertragsentwurfes für den **Outsourcing-Vertrag** unter Berücksichtigung juristischer und haushaltsrechtlicher Einbindung einer Behörde

Im Frühjahr 1994 erhielt die KPMG-Unternehmensberatung unter Mitarbeit des Outsourcing-Spezialisten Fa. Köhler-Frost & Partner schließlich den Auftrag, ein derartiges Konzept für ein integriertes Bibliothekssystem in der Senatsbibliothek Berlin zu entwickeln. Diese Untersuchung zur Möglichkeit von Outsourcing in der Senatsbibliothek Berlin sollte belegen, ob das Outsourcing für die Senatsbibliothek sinnvoll ist. Zu den Haushaltsverhandlungen im Herbst 1994 lag das Konzept den Abgeordneten des Berliner Abgeordnetenhauses zur endgültigen Entscheidung des Projektes vor.

Nach der positiven Entscheidung für das Outsourcing begannen die gemeinsamen Vorbereitungen für die Ausschreibung zum Outsourcing des integrierten Bibliothekssystems. Dabei konnten die von der KPMG Unternehmensberatung ausgearbeiteten Ausschreibungsunterlagen benutzt werden. Weiterhin stellte die Unterstützung der KPMG Unternehmensberatung einen Know-how-Zuwachs, da die Senatsbibliothek keine Erfahrungen mit solch umfangreichen Ausschreibungsunterlagen hatte. Nach der Auswertung der eingereichten Ausschreibungsunterlagen wurde mit Hilfe der KPMG Unternehmensberatung der qualifizierteste Outsourcing-Anbieter ausgewählt und mit der Realisierung des Projektes beauftragt.

---

[1] vgl. Landesamt für Informationstechnik (1994), S.3

Nachfolgend sollen die Gründe für die Entscheidung zum Outsourcing und die eigentliche Projektdurchführung näher erläutert werden.

4.3   Wirtschaftlichkeitsbetrachtung

Die Entscheidungsfrage: Traditionelle Inhouse-Lösung oder Outsourcing sollte auf der Grundlage des erstellten Pflichtenheftes durch eine Wirtschaftlichkeitsbetrachtung beantwortet werden. Dabei wurden über einen Zeitraum von fünf Jahren die Kosten der DV-Einführung und des DV-Betriebs eines Informationssystems für die Senatsbibliothek mit und ohne Outsourcing ermittelt, verglichen und analysiert. Als bessere Entscheidungsgrundlage für seine Realisierbarkeit wurden gleichzeitig die Vor- und Nachteile eines Outsourcing-Konzepts erörtert und die wesentlichen Risiken des Projektes untersucht.

Als Basis dafür wurde eine von der KPMG Unternehmensberatung durchgeführte Kostenrechnung herangezogen. In einer Übersicht wurden die Kosten beider Lösungen gegenübergestellt. Dabei ergab sich bei der betriebswirtschaftlichen Rechnung für beide Varianten in der vorliegenden Konzeption für das Informationssystem nur ein geringer Vorteil für die Outsourcing-Variante. Beim Gesamtliquiditätsbedarf zeigte sich sogar ein gewisser Vorteil für die Inhouse-Lösung. Der kurzfristig benötigte Liquiditätsbedarf war angesichts der gespannten Berliner Haushaltslage besonders entscheidend. Dort hatte die Outsourcing-Variante den ausschlaggebenden Vorteil. Im Gegensatz zur Inhouse-Lösung, wo die Anfangsinvestitionen der Senatsbibliothek sofort im ersten Jahr fällig sind, übernimmt der Outsourcing-Anbieter die Finanzierung des neuen Systems und verteilt die Kosten gleichmäßig über die Vertragslaufzeit (siehe Abbildung 4-1). Dadurch wurde der Berliner Haushalt nicht im vollen Umfang mit der Investition belastet. Desweiteren waren die bessere Planbarkeit der Kosten und die Verlagerung der meisten Kostenrisiken auf den Outsourcing-Anbieter weitere bedeutende Vorteile für das Outsourcing in der Senatsbibliothek.

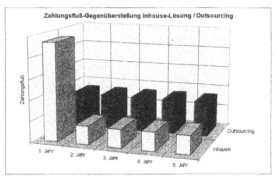

Abbildung 4-1:   Zahlungsfluß Inhouse-Lösung/Outsourcing

Ferner hatte das Outsourcing-Konzept für die Senatsbibliothek von Vorteil, daß sie sich dadurch ganz auf ihre bibliothekarische Kernaufgabe konzentrieren konnte, ohne ständig mit UNIX-, Datenbank- oder Netzproblemen konfrontiert zu werden.

Hinzu kam die Möglichkeit, preislich von der Marktmacht des Outsourcing-Anbieters zu profitieren. Da diese in der Regel Großnutzer sind, können sie aufgrund von Mengenrabatten wie auch durch Verhandlungserfahrungen meistens günstigere Preise bei Lieferanten durchsetzen, als eine kleine DV-Abteilung. Bei der Vergleichsrechnung wurde der mögliche Kostenvorteil jedoch bewußt nicht eingerechnet, sondern nur darauf hingewiesen.

Anfangs nachteilig erschien die deutliche Abhängigkeit, in die sich die Senatsbibliothek durch den Abschluß eines langfristigen Outsourcing-Vertrages begab, denn nach der Einführung des integrierten Bibliothekssystems ist die Senatsbibliothek auf die reibungslose Funktionsfähigkeit des Systems im täglichen Betrieb angewiesen. Auch Schwierigkeiten bei der täglichen Zusammenarbeit könnten die Projektdurchführung erschweren. Dem kann entgegnet werden, daß auch bei einer Inhouse-Lösung die Abhängigkeiten von den Lieferanten der Hard- und Software sehr hoch sind und von ihren Auswirkungen her fast den Abhängigkeiten vom Outsourcing-Anbieter entsprechen.

Ein Nachteil der Outsourcing-Lösung besteht nach Meinung des Verfassers auch darin, daß der Outsourcing-Anbieter nicht immer sofort zur Verfügung steht, wenn der Server vor Ort in einer kleinen Behörde eingerichtet wird. Dieses Problem ist aber durch eine entsprechende vertragliche Regelung der Reaktionszeit zu lösen. Daneben sind die Probleme der Auswahl des Outsourcing-Anbieters und die schwierige und komplexe Vertragsgestaltung nicht zu unterschätzen. Diese Probleme wurden jedoch in Zusammenarbeit mit dem Land Berlin und der KPMG Unternehmensberatung gelöst. Der größte Nachteil beim Outsourcing besteht jedoch darin, daß selbst der beste Vertrag nicht garantieren kann, wie vertrauensvoll das Verhältnis zwischen der Senatsbibliothek und dem Generalunternehmer ist und bleibt. Der Autor schließt sich der Meinung an, daß das gegenseitige Vertrauen bei allen Outsourcing-Projekten die wichtigste Basis für den Erfolg ist.[1]

Als wesentlicher Nachteil der Inhouse-Lösung stellte sich die Notwendigkeit heraus, zwei neue Stellen für die Betreuung des DV-Systems einzurichten, was langfristig gesehen natürlich weit über die berechneten fünf Jahre hinausging und in der gegenwärtigen

---

[1] vgl. Lux, C. (1995b), S.8

Haushaltssituation nicht realisierbar erschien. Auch die Frage, ob für die im öffentlichen Dienst gezahlten Gehälter solches Fachpersonal zur Verfügung stehen würde, wurde angezweifelt. Außerdem sah man zusätzliche Probleme bei der Eingruppierung des Personals. Auch ein möglicher Zeitverlust bei der Projekt-Durchführung durch die Besetzung der neuen Stellen wurde als Nachteil der Inhouse-Lösung bemerkt.

Einige im Kapitel 3.5.4 dieser Arbeit besprochenen Vor- und Nachteile des Outsourcing fanden in der Senatsbibliothek keine Anwendung und konnten aus diesem Grund auch nicht bewertet werden: Zum einen fielen in der Senatsbibliothek keine Umstellungskosten für die Einführung des Outsourcing an, da noch kein Informationssystem eingeführt oder in Betrieb war. Es mußte auch kein Personal zum Outsourcing-Anbieter überführt werden, was ein bedeutend komplizierterer Prozeß gewesen wäre. Für die kameralistische Haushaltsführung der Senatsbibliothek blieben die in der Privatwirtschaft relevanten Unterschiede zwischen variablen und fixen Kosten im Vergleich von Inhouse- und Outsourcing-Lösung ohne Bedeutung. Desweiteren kann ein Know-how-Verlust im Fall der Senatsbibliothek, die auf diesem Gebiet über kein Know-how verfügte, nicht eintreten. Im Gegenteil, schafft doch der Outsourcing-Anbieter die Möglichkeit des fachspezifischen Informations-Know-hows durch die Bereitstellung des technischen Know-hows, das in der Senatsbibliothek intern niemals so kostengünstig zur Verfügung stehen könnte.

Während andere Behörden prüfen müssen, inwieweit hoheitliche Aufgaben an einen Outsourcing-Anbieter gegeben werden können, war dies bei der Senatsbibliothek mit dem Outsourcing des Informationssystems nicht gegeben. Erforderlich war aber die Beachtung des Datenschutzes in einzelnen Bereichen.

Ob ein Inhouse- oder ein Outsourcing-Betrieb flexibler für die Senatsbibliothek sei, mußte ebenfalls geprüft werden. Da sich im Bibliothekswesen im allgemeinen die Inhouse-Lösungen als sehr langlebig erwiesen haben und dadurch Neuerungen verhinderten, bedeutet gerade Outsourcing bezogen auf die sehr schnellen Veränderungen auf dem Informationsmarkt, daß die Senatsbibliothek nach Vertragsablauf in fünf Jahren sich den Neuerungen tatsächlich stellen kann und muß - ein großer Vorteil für die sich verändernden Gegebenheiten der Berliner Verwaltung und ihrer Informationsbeschaffung.

Ebenso erschien größere Flexibilität bei zusätzlich notwendigen Kapazitäten und ihre Verfügbarkeit durch Outsourcing garantiert. Notwendige Leistungsspitzen sind mit Outsourcing durch ein im Hintergrund verfügbares größeres DV-Team grundsätzlich besser abzufangen als mit einer eigenen kleinen DV-Abteilung.

Die Akzeptanz des Outsourcing-Anbieters als externer Dienstleister im Haus ist ein weiteres Problem, das nicht überall positiv gelöst werden konnte. Im Fall der Senatsbibliothek stellte allerdings die untersuchende KPMG Unternehmensberatung fest, daß die Mitarbeiter nicht grundsätzlich abgeneigt waren, den Outsourcing-Anbieter zu akzeptieren.

4.4 Projektdurchführung

Nach der positiven Entscheidung für das Outsourcing und der Auswahl des Outsourcing-Anbieters wurde im zweiten Quartal 1995 der Outsourcing-Vertrag über den Zeitraum von fünf Jahren geschlossen. Zum Inhalt des Outsourcing-Vertrages zwischen der Senatsbibliothek Berlin und dem Outsourcing-Anbieter gehören unter anderem folgende Leistungen:

- Beschaffung sämtlicher Hard- und Software

- Installation des Netzwerkes, der Server und der Arbeitsplätze

- Installation der integrierten Bibliothekssoftware, der Bürokommunikation, der CD-Rom-Technik sowie der Multimediakomponenten

- Schulung der Mitarbeiter

- Wartung, Pflege und Vorortservice

- Entwicklung, Anpassung und Realisierung von Schnittstellen

- Integration eines Mediensicherungssystems

- Herstellung von Benutzerausweisen und Barcodeetiketten

- Durchführung einer Retrokonversion der Kataloge

- Anbindung an das Internet und an T-Online

- Migration von Altdaten und -systemen

- Ablösung beziehungsweise Integration von DV-Altverfahren (der vorhandenen Einzelplatzlösungen)

Der Outsourcing-Anbieter tritt bei diesem Projekt als Generalunternehmer auf und ist somit einziger Ansprechpartner für die Senatsbibliothek. Dadurch verringert sich der Kommunikations- und Koordinationsaufwand zwischen der Senatsbibliothek und ihren Lieferanten, da nicht mehr mit jedem Anbieter einzeln verhandelt werden muß.

In der Projekteinführungsphase wurden unter Leitung des verantwortlichen Projektmanagers des Outsourcing-Anbieters und einer Projektverantwortlichen der Senatsbibliothek sowie einer Projektgruppe, die sich aus Mitarbeitern der einzelnen Fachabteilungen zusammensetzt, alle Einzelaspekte für die Realisierung und Durchführung besprochen und vorbereitet. Dazu gehören: Festlegungen zur Anpassung der Geschäftsgänge, Dokumentation der neuen Arbeitsgänge und Vorbereitungen der Einzelprojekte. In regelmäßigen Projektbesprechungen wurden die Aufgaben diskutiert, kontrolliert, in einem Projektplan festgehalten und für den nächsten Zeitraum abgestimmt.

Wie schon erwähnt, wendet der Outsourcing-Anbieter in der Senatsbibliothek eine weit gefächerte Palette von Dienstleistungen an. Sie reicht von der Software-Beratung über die Integration der Altsysteme und Altverfahren, die Anbindung an neue Systeme bis hin zum Komplettbetrieb des gesamten Systems.

Die einzelnen Leistungen lassen sich wie folgt beschreiben:

Da in der Senatsbibliothek kein Hausnetz vorhanden war, bestand die erste Aufgabe darin, die auf drei Ebenen des Hauses verteilten Arbeitsplätze der Mitarbeiter miteinander zu vernetzen. Die Bibliothek legte im Detail fest, wo sich die Arbeitsplatz-PCs der Mitarbeiter und Benutzer der Bibliothek befinden sollten. Dabei wurden die von der KPMG Unternehmensberatung erarbeiteten Unterlagen und Empfehlungen benutzt. Der Generalunternehmer betreute, überwachte und kontrollierte die Installation.

Die Hardware, die der Senatsbibliothek für fünf Jahre zur Verfügung gestellt wird, wurde unter Kontrolle des Generalunternehmers im Hause installiert und eingerichtet. Zum Hardware-Umfang zählen unter anderem:

- UNIX-Server (für das Bibliothekssystem und die Datenbanken usw.)
- Novell-Server (für die Bürokommunikations-Software, Fax- und Mail-Lösung usw.)
- Arbeitsplatz-PCs für die Mitarbeiter
- Arbeitsplatz-PCs für die Benutzer (Leihstelle, Lesesaal und Kataloginformation)
- Multimediastation (für Video, Sound und Grafiken)
- CD-ROM-Server mit Jukebox (dadurch stehen der Bibliothek 247 CDs zur Verfügung)
- Drucker und Scanner
- TV-Geräte und Videorecorder

Ein weiterer Schwerpunkt ist die Software. Diese mußte sowohl auf den Servern als auch auf den Arbeitsplatz-PCs installiert werden. Zum Software-Umfang gehört neben der Bibliotheks-Software mit ihren verschiedenen Komponenten, die Bürokommunkations-Software, die Fax- und Mail-Software und sonstige Software (zum Beispiel Datensicherungs- oder Virenschutz-Software). Der Generalunternehmer betreut diese Komponenten über den gesamten Zeitraum des Vertrages. Während der Vertragslaufzeit hat er beispielsweise zu sichern: die Installation, die Parametrisierung, die Wartung, die Kontrolle der Funktionsfähigkeit, die Bereitstellung neuer Versionen (Update) usw.

Die Altdatenübernahme und die Schaffung externer Schnittstellen umfaßt einen weiteren wichtigen Themenkomplex. Dabei war der Generalunternehmer für die Übernahme aller Daten und Programme verantwortlich, die sich auf den alten Einzelplatz-PCs befanden. Dazu zählten zum Beispiel die Lieferantendateien oder die Zeitschriftendatenbank. Diese Dateien sollten alle konvertiert und in das neue Bibliothekssystem eingebunden werden. Die Anbindung an externe Schnittstellen, wie zum Beispiel der Übergang zum Deutschen Institut für Urbanistik (DIFU) oder die Anbindung an die Online-Zeitschriftendatenbank (ZDB) sind Bestandteil des Vertrages zwischen dem Generalunternehmer und der Senatsbibliothek. Außerdem wird der Generalunternehmer die Einbindung der zukünftigen Daten der Senatsbibliothek in den Berlin-Brandenburgischen-Verbund betreuen.

Desweiteren erhielten alle Mitarbeiter und Benutzer der Senatsbibliothek Zugriff auf die CD-ROM-Datenbanken im Netz die als bibliothekarisches Hilfsmittel, als Auskunftsmittel, zu Recherchen oder zur Datenübernahme der Bestell- und Katalogisierungsdaten genutzt werden. Während früher bei jeder Recherche in einer anderen Datenbank die PCs gewechselt werden mußten, ist heute alles von einem PC aus möglich. Auch das Ausdrukken oder Abschreiben der Daten entfällt, da die Daten direkt in die andere Anwendung übernommen werden können. Dadurch wird der Arbeitsaufwand verringert und ein nicht unbedenklicher Zeitvorteil erreicht.

Die Schulung der Mitarbeiter ist ein weiterer Bestandteil des Vertrages. Da die meisten Mitarbeiter der Senatsbibliothek erstmalig einen Arbeitsplatz-PC nutzen, war es nötig, mit einer grundlegenden Einführung in die PC-Benutzung und die Windows-Oberfläche zu beginnen. Darauf baute die Schulung der Bürokommunikations-Software auf. Die Schulung der Bibliothekssystem-Software bildete mit einer intensiven Schulung aller Module den Schwerpunkt der Schulungsmaßnahmen, da sie das Herzstück des Systems und tägliches Arbeitsinstrument für alle Mitarbeiter ist. Um vergessenes Wissen wieder zu wecken, bietet der Outsourcing-Anbieter den Mitarbeitern der Senatsbibliothek Auffrischungskurse in Form von Workshops an, die zu gemeinsam bestimmten Themen gehalten werden.

Der Generalunternehmer ist auch mit der Retrokonversion der drei Bibliothekskataloge (Alphabetischer Katalog, Systematischer Katalog und Schlagwortregister) beauftragt worden. Das Konzept sieht vor, daß die ca. 900.000 Katalogkarten der Senatsbibliothek gescannt werden, um dann mit einer OCR-Software möglichst viele Informationen auf den Karten lesbar zu machen. Gleichzeitig wurden relevante Textteile indexiert. Dadurch wurden die einzelnen Images suchbar gemacht und ein direkter Zugriff ermöglicht.

Neben diesen Aktivitäten übernimmt der Generalunternehmer die Planung und Installation der Mediensicherungsanlagen, die Planung und Erstellung der Benutzerausweisen und Barcodeetiketten für die Bücher sowie die Etikettierung der Bücher.

4.5 Resümee

In der Senatsbibliothek waren weder Personen vorhanden, die in Datenverarbeitung ausgebildet waren, noch solche, die sich die Betreuung eines solch komplexen Systems zutrauten. Abgesehen von den unzureichenden Personalstellen und dem fehlenden Know-how standen weitere finanzielle Mittel für ein DV-System der Senatsbibliothek nicht zur Verfügung. Diese Gründe waren ausschlaggebend für die Überlegungen zur Vergabe der gesamten Datenverarbeitung an einen externen Dienstleister. Für die Senatsbibliothek ergaben sich dadurch folgende Vorteile:

* es wurde kein eigenes DV-Personal benötigt,

* es mußten keine Investitionsmittel (5 Jahre vorher) gefordert werden, sondern die Mittel konnten im normalen Haushaltsbudget (1 1/2 Jahre vorher) beantragt werden,

* es wurde sehr viel Arbeit durch die externen Berater übernommen,

* das Projekt konnte ohne Verzögerungen durchgeführt werden und die Realisierung wurde beschleunigt,

* die Mitarbeiter konnten sich auf ihre fachspezifischen Aufgaben konzentrieren.

Durch die Einführung und die Übergabe des Datenverarbeitungs-Betriebes an einen externen Dienstleister ergaben sich weitere Vorteile:

• die verwaltungsinternen Abläufe wurden automatisiert und verkürzt,

• die Mitarbeiter konnten sich auf die bibliothekarischen Kernaufgaben besinnen,

• die Qualität der Leistungen wurde verbessert,

• die Effektivität und Effizienz wurden gesteigert,

• die Kundenzufriedenheit konnte erhöht werden,

• die Arbeitsbedingungen wurden verbessert usw.

Dies alles sind Ziele, die auch im Rahmen der Verwaltungsreform gefordert und durch das Neue Steuerungsmodell angestrebt werden.

Hinzu kommen die Outsourcing-Vorteile:

• Outsourcing von IT-Leistungen macht den Weg frei für die Konzentration auf das eigentliche Kerngeschäft: die Ausrichtung auf den Kunden

• durch bedarfs- und zeitgerechte DV-Unterstützung der Geschäftsgänge erfährt die Bibliothek eine Stärkung der Kernkompetenz

• die technische Seite mit Schulung, Datenübernahme, laufende Betreuung des komplexen Systems liegt in der Hand professioneller Fachkräfte

• die Zahlung der monatlichen Raten ist für die angespannte Finanzsituation Berlins günstiger als eine hohe Investitionssumme in einem Jahr

Bemängelt wird vom Verfasser die Tatsache, daß zwischen den ersten Überlegungen und dem eigentlichen Projektstart in der Senatsbibliothek mehrere Jahre vergingen. Durch diese lange Entscheidungsphase ging der Senatsbibliothek viel Zeit verloren, in denen andere Bibliotheken sich einen Wettbewerbsvorteil erarbeiten konnten. Um den Abstand wieder auszugleichen, sind jetzt höhere Aufwendungen erforderlich. Möglicherweise sind durch diese Verzögerungen auch einige Umstellungen in der heutigen Zeit schwieriger zu bewerkstelligen als noch vor zwei Jahren, da der Druck auf den einzelnen Bereichen viel größer ist. Weiterhin ist die Verschlossenheit dem „Neuen" gegenüber (zum Beispiel dem Outsourcing) bei den Entscheidern kritisch anzumerken. Dadurch werden den Kommunen

Wege verschlossen, die zu einer Verbesserung im Sinne des Neuen Steuerungsmodells führen können.

Das Projekt in der Senatsbibliothek kann bis zum jetzigen Zeitpunkt positiv bewertet werden. Standen die Mitarbeiter dem Projekt anfangs nicht negativ aber dennoch skeptisch gegenüber, so hat sich nach den ersten Monaten das Meinungsbild beim überwiegenden Teil der Mitarbeiter positiv gewandelt. Von der Seite des Landes Berlin und der Senatsbibliothek sind die geplanten Ziele weitgehend eingehalten worden. Dazu zählen beispielsweise die schnelle Bereitstellung der technischen Voraussetzungen und die Begrenzung der Anfangsinvestitionen.

Trotz diverser Anfangsprobleme kann dieses Outsourcing-Projekt als ein Beginn gesehen werden, die Zusammenarbeit zwischen privaten Dienstleistern und den Kommunen zu vertiefen und auf weitere Aktionsfelder auszuweiten. Auch die Erfahrungen, die im Umgang mit den Dienstleistern gemacht wurden, können als Grundlage für künftige Projekte dienen. Diese Erfahrungen sind nach Meinung des Verfassers ein wichtiger Beitrag für weitere Outsourcing-Projekte in der Verwaltung.

Das Outsourcing-Projekt in der Senatsbibliothek zeigt, daß externe Dienstleister viele Dienstleistungen für die Kommunen übernehmen können. Zum Outsourcing-Projekt der Senatsbibliothek Berlin sagt die Bibliotheksdirektorin Frau Dr. Lux: „Outsourcing des Informationssystems ist für die Senatsbibliothek Berlin zum gegenwärtigen Zeitpunkt die beste Lösung."[1]

---

[1] Lux, C. (1995b), S.13

5   Perspektiven

Auch in Zukunft werden IT-Dienstleister die Kommunen bei der Beratung bis hin zur Durchführung komplexer Projekte mit Hilfe der Informationstechnologie unterstützen.

Immer mehr Kommunen werden sich aufgrund ihrer schwierigen finanziellen Situation sowie des oftmals fehlenden Know-hows die Frage stellen müssen, ob sie bestimmte Leistungen selbst erbringen wollen oder diese von externen Dienstleistern erbringen lassen.

Solange die Leistungen der Kommunen im Vergleich zu entsprechenden Leistungen privater Unternehmen unwirtschaftlicher sind, wird der Einsatz von externen Dienstleistern und Dienstleistungen notwendig sein. Erst wenn es den Kommunen gelingt, im Wettbewerb mit privaten Unternehmen bessere Leistungen anzubieten, kann auf die Übertragung bestimmter Leistungen auf externe Dienstleister verzichtet werden.

Es ist abzusehen, daß diese Veränderungen einen langen Zeitraum in Anspruch nehmen. Bis dahin werden in der Privatwirtschaft bereits bewährte neue Dienstleistungs-Formen auch in der öffentlichen Verwaltung Einzug halten.

Dies sind zum Beispiel:

- **Process-Management**

  Dabei wird die bisherige Dienstleistungspalette um eine völlig neue Form von Service ergänzt: die Abwicklung kompletter IT-fremder Geschäftsprozesse durch den Dienstleister. Service-Leistungen, die weit über die reine IT hinausgehen, sind zum Beispiel das Kouvertieren und Versenden von Poststücken des Kunden oder die Durchführung der gesamten kaufmännischen Buchhaltung für Unternehmen.

  Bei Bibliotheken könnten es zum Beispiel folgende Bereiche sein: Buchbinderei, kaufmännische oder technische Prozesse beim Einkauf usw.

- **CoSourcing ®**

  Als Antwort auf die beschriebene schwierige Ausgangssituation der Kommunen wird ein im Ausland bereits praktiziertes gegenüber dem Outsourcing weiterentwickeltes Konzept, das sogenannte CoSourcing®, von einem privaten Dienstleister auch in deutschen Kommunen angeboten werden.

Bei dieser neuen Form der Zusammenarbeit übernimmt der Dienstleister (gegebenen-falls unter Zugriff auf lokale Sublieferanten) die ganzheitliche Verantwortung für definierte Teile des IT-Spektrums der Kommune. Kennzeichnend für CoSourcing® ist nicht wie beim Outsourcing die Einsparung von IT-Kosten, sondern die mittels IT zu erzielende höhere Effektivität.

Diesem Anspruch, über eine bedarfsgerechte IT-Technik direkt und meßbar die Leistungsfähigkeit der Kommunen zu erhöhen, trägt dieser Dienstleister Rechnung, indem vertragsseitig neben den Festpreiskomponenten auch solche mit nutzungsabhängiger variabler Preisgestaltung vereinbart werden.

Ein Beispiel für CoSourcing® im Bereich der öffentlichen Verwaltung bietet die Stadt Chicago. Um die Flut der Strafmandate für falsches Parken zu bewältigen und die entsprechenden Bußgelder erheben zu können, beauftragte die Stadtverwaltung einen Dienstleister mit der Entwicklung und Betreibung eines Strafmandate-Systems. Als Ergebnis stieg die Zahl der Zahlungseingänge enorm. Die Bezahlung des Dienstleisters enthält einen variablen Teil, der direkt an die Einnahmen der Bußgelder gekoppelt ist.

Neben der Einführung dieser neuen Dienstleistungs-Formen versuchen private Dienstleister vermehrt konkrete Konzepte zu entwickeln, um den Kommunen bei der Realisierung des Neuen Steuerungsmodells zu helfen. Dabei handelt es sich meist um Projekte, die auf eine Verbesserung der Qualität, des Services oder der Bürgernähe usw. gerichtet sind.

Ein privater Dienstleister begann zum Beispiel mit der Entwicklung eines **Informations-und Service-Center (ISC)**. Diese Informations- und Service-Center sollen den Informationsbedarf der Bürger decken und „kurze Wege" bei der Erledigung von Behördengängen ermöglichen; ganz gleich, ob jemand seinen Paß verlängern lassen möchte, ein neues Kraftfahrzeug bei der Zulassungsstelle anmelden will, sich über Immobilienangebote informieren oder eine Spende an eine Hilfsorganisation überweisen möchte. Dabei soll das Infomations- und Service-Center für alle kommunalen, kommerziellen oder gemeinnützigen Fragestellungen eine zentrale Anlaufstelle sein.

Nach Meinung des Verfassers können sich Kommunen in Zusammenarbeit mit privaten Dienstleistern auf ihr Kerngeschäft konzentrieren, interne Abläufe straffen und besser auf Kundenwünsche eingehen. Für die Kommunen bedeutet dies Einsparungen durch rationelle Arbeitsabläufe, mehr Bürgernähe durch verbesserte Dienstleistungsqualität usw. Durch die verbesserte Dienstleistungsqualität können besonders die Bürger profitieren sowie die Kommunen ihr verlorengegangenes Ansehen zurückgewinnen.

Die Zukunft wird zeigen, inwieweit die Kommunen die externen Dienstleistungen privater Unternehmen in Anspruch nehmen, um sie zu ihrem Vorteil zu nutzen und davon zu profitieren.

Literaturverzeichnis

Banner, Gerhard (1993): Von der Behörde zum Dienstleistungsunternehmen - ein neues Steuerungsmodell für Städte, Göttingen 1993

Banner, Gerhard (1994): Das neue Steuerungsmodell der KGSt, in: Dumont du Voitel, Roland [Hrsg.]: Dienstleistungsunternehmen Stadt - Neue Ansätze und gangbare Wege im kommunalen Management, Nettetal 1994, S.14-20

Banner, Gerhard / Reichard, Christoph (1993): Kommunale Managementkonzepte in Europa , Köln 1993

Berg, Jürgen /Gräber, Horst (1995): Outsourcing in der Informationstechnologie - Eine strategische Management-Entscheidung, Frankfurt/Main, New York 1995

Bertelsmann Stiftung (1995): Neue Steuerungsmodelle und die Rolle der Politik, 2. Auflage, Gütersloh 1995

Beyer, Lothar / Brinckmann, Hans (1990): Kommunalverwaltung im Umbruch: Verwaltungsreform im Interesse von Bürgern und Beschäftigten, Köln 1990

Beyer, Lothar (1992): Informationsmanagement und öffentliche Verwaltung - Perspektiven und Grenzen, Wiesbaden 1992

Bleck, Barbara (1994): Erfahrungen beim Aufbau eines kommunalen Leistungscontrolling, Hamburg 1994

Bongard, Stefan (1994): Outsourcing - Entscheidungen in der Informationsverarbeitung - Entwicklung eines computergestützten Portfolio-Instrumentariums, Wiesbaden 1994

Bruch, Heike (1995): Lean Management als Weg aus der Verwaltungskrise, in: VOP (Verwaltung - Organisation - Personal), November/Dezember 1995, S.352

Budäus, Dietrich (1996): Öffentliche Verwaltung braucht Wettbewerb, in: VOP (Verwaltung - Organisation - Personal), Januar/Februar 1996, S.24-25

Büllensbach, Alfred (1995): Outsourcing in der öffentlichen Verwaltung, in: Köhler-Frost, Wilfried [Hrsg.]: Outsourcing - Eine strategische Allianz besonderen Typs, 2. Auflage, Berlin 1995, S.116-125

Bundesministerium für Wirtschaft (1996), Info 2000 - Deutschlands Weg in die Informationsgesellschaft, Bonn 1996 (Broschüre)

Cunningham, Peter A. / Fröschl Friedrich (1995): Outsourcing - Strategische Bewertung einer Informationsleistung, Frankfurt am Main 1995

Dumont du Voitel, Roland (1994): Dienstleistungsunternehmen Stadt - Neue Ansätze und gangbare Wege im kommunalen Management, Nettetal 1994

Ebert, Martin (1995): Outsourcing von Informationstechnologieleistungen, Berlin 1995

Erd, Rainer (1995): Privatisierung öffentlicher Dienstleistungen - Stärken und Schwächen, in: Hewel, Brigitte [Hrsg.]: Verwaltung reformieren - Öffentlich-private Partnerschaften Management-Beispiele aus der Praxis, Frankfurt/Main 1995, S.10-15

Eschbach, Lothar (1995): Das Unternehmen Stadt - Bürgernähe durch strategische Partnerschaften, in: Behörden-Spiegel, Februar 1995, S.4

Fischer, Walter (1991): Informationstechnik und Organisation in öffentlichen Verwaltungen und öffentlichen Unternehmen, München 1991

Fritsch, Rolf / Matschke, Jürgen (1994): Reformen statt Ruinen - Anstöße zur Modernisierung der Verwaltung in Städten und Gemeinden, Stuttgart 1994

Fuchs, Klaus / Landgraf, Bernd (1992): Informationsverarbeitung in der öffentlichen Verwaltung, 3. Neuauflage, Herford 1992

Gabler Lexikon-Redaktion: Gabler-Wirtschaftslexikon (1993), Wiesbaden 1993

Gesellschaft für Informatik e.V. (1995): Der schlanke Staat - Informatik und Informationstechnik können dazu beitragen, Bonn 1995

Grandke, Gerhardt (1995): Modell Offenbach - Wege aus der Finanzkrise, in: Hewel, Brigitte [Hrsg.]: Verwaltung reformieren - Öffentlich-private Partnerschaften Management-Beispiele aus der Praxis, Frankfurt/Main 1995, S.19-28

Hartstang, Stephanie / Forster, Kurt (1995): Der Outsourcing-Vertrag, in: Berg, Jürgen / Gräber, Horst [Hrsg.]: Outsourcing in der Informationstechnologie, Frankfurt/Main, New York 1995, S.60-81

Heinrich, Wilfried (1992): Outsourcing - Modelle - Strategien - Praxis, Bergheim 1992

Heinrich, Wilfried (1994): Lean-Strategien in der Informatik, Bergheim 1994

Heinzl, Armin (1992): Die Ausgliederung der betrieblichen Datenverarbeitung, 2., durchgesehene und verbesserte Auflage, Koblenz 1992

Heitfeld, Ursula, Statt Radikalkur Lösungen nach Maß, in: IT Management, 01/02 1995, S.16-20

Hewel, Brigitte (1995): Verwaltung reformieren - Öffentlich-private Partnerschaften Management-Beispiele aus der Praxis, Frankfurt/Main 1995

Hill, Hermann / Klages, Helmut (1995): Reform der Landesverwaltung, in: Tagung der Hochschule Verwaltungswissenschaften Speyer (29. bis 31. März 1995), Düsseldorf 1995

Hoinka, Dr. Wolfgang (1995): Provokation oder Chance - Die Kosten- und Leistungsrechnung der öffentlichen Verwaltung, in: Behörden-Spiegel, Februar 1995, S.14

Horstmann, Axel (1994): Erfahrungen und Konsequenz mit dem neuen Steuerungsmodell, in: Plönzke, Klaus C. [Hrsg.]: Auf dem Weg zur öffentlichen Hochleistungsverwaltung (Kongress 07./08.-11.02.1994, Hamburg), Hamburg 1994

Jörg, Gerhard (1995): Effektives Handeln, in: Behörden-Spiegel, Februar 1995, S.3

Kappius, Gerd (1994): Dezentralisierung der DV am Bsp. der Stadtverwaltung Köln: Neue Steuerungsmodelle in der Verwaltung, Teilaspekt Dezentralisierung, in: Plönzke, Klaus C. [Hrsg.]: Auf dem Weg zur öffentlichen Hochleistungsverwaltung (Kongress 07./08.-11.02.1994, Hamburg), Hamburg 1994

Klümper, Bernd (1994): "Konzern Stadt" - Dezentralisierung der Ressourcenverwaltung, Vieselbach, Erfurt 1994

Knöll, Dieter (1996): Haushaltswesen: Kameralistik, Doppik ...?, in: VOP (Verwaltung - Organisation - Personal), Januar/Februar 1996, S.40-46

Köhler-Frost, Wilfried (1995): Outsourcing - Eine strategische Allianz besonderen Typs, 2., völlig neu bearb. und erweiterte Auflage, Berlin 1995

KGSt-Mitteilungen (1989): Mitteilungen der Kommunalen Gemeinschaftsstelle für Verwaltungsvereinfachung 1989, Köln 1989

KGSt-Bericht 7/1991 (1991): Technikunterstützte Informationsverarbeitung (TuI) in Kommunen der neuen Bundesländer - Entscheidungshilfen, in: KGSt-Bericht Nr. 7/1991, Köln 1991

KGSt-Bericht 12/1991 (1991): Dezentrale Ressourcenverantwortung: Überlegungen zu einem neuen Steuerungsmodell, in: KGSt-Bericht Nr. 12/1991, Köln 1991

KGSt-Bericht 19/1992 (1992): Wege zum Dienstleistungsunternehmen Kommunalverwaltung - Fallstudie Tilburg, in: KGSt-Bericht Nr. 19/1992, Köln 1992

KGSt-Bericht 5/1993 (1993): Das Neue Steuerungsmodell - Begründung, Konturen, Umsetzung, in: KGSt-Bericht Nr. 5/1993, Köln 1993

KGSt-Bericht 8/1994 (1994): Das Neue Steuerungsmodell - Definition und Beschreibung von Produkten, in KGSt-Bericht 8/1994, Köln 1994

KGSt-Bericht 15/1994 (1994): Verwaltungscontrolling im Neuen Steuerungsmodell, in: KGSt-Bericht Nr. 15/1994, Köln 1994

KGSt-Bericht 17/1994 (1994): Die Realisierung von Erschießungsanlagen: Projekte im Neuen Steuerungsmodell, in: KGSt-Bericht Nr. 17/1994, Köln 1994

KGSt-Bericht 6/1995 (1995): Qualitätsmanagement, in: KGSt-Bericht Nr. 6/1995, Köln 1995

KGSt-Bericht 8/1995 (1995): Das Neue Steuerungsmodell in kleineren und mittleren Gemeinden, in: KGSt-Bericht Nr. 8/1995, Köln 1995

KGSt-Bericht 10/1995 (1995): Das Neue Steuerungsmodell - Erste Zwischenbilanz, in: KGSt-Bericht Nr. 10/1995, Köln 1995

König, Herbert (1989): Informationstechnik als neue Chance für die Verwaltungsführung, Bonn 1989

Kübler, Hartmut (1987): Informationstechnik in Verwaltungsorganisationen - Einsatzbedingungen, Chancen und Risiken, Stuttgart 1987

Landesamt für Informationstechnik (1994): Teilnahmewettbewerb Outsourcing-Konzept für ein integriertes Bibliothekssystem in der Senatsbibliothek, Berlin 1994

Lüder, Klaus (1995): Konturen eines neuen kommunalen Haushalts- und Rechnungsmodells, in: Speyerer Arbeitshefte 103, Speyer 1995

Lux, Claudia (1995a): Konzept im Behördendschungel - Outsourcing in der Senatsbibliothek Berlin, in: Köhler-Frost, Wilfried [Hrsg.]: Outsourcing - Eine strategische Allianz besonderen Typs, 2. Auflage, Berlin 1995, S.126-136

Lux, Claudia (1995b): Outsourcing des DV-Systems einer wissenschaftlichen Bibliothek: Ein Versuch der Senatsbibliothek Berlin, in: Deutsche Gesellschaft für Dokumentation [Hrsg.]: 17. Online-Tagung der DGD: "Online und darüber hinaus ... Tendenzen der Informationsvermittlung" (16.-18.05.1995, Frankfurt am Main), Frankfurt am Main 1995

Meixner, Hanns-Eberhard (1994): Bausteine neuer Steuerungsmodelle - Mitarbeiter zu Mitdenkern und Mitgestaltern gewinnen, Rostock 1994

Mertens, Peter / Knolmayer, Gerhard (1995): Organisation der Informationsverarbeitung - Grundlagen, Aufbau, Arbeitsteilung, 2., vollständig überarbeitete Auflage, Wiesbaden 1995

Miller, Manfred (1995): Vorstudien zur Organisation und Reform von Landesverwaltungen, in: Speyerer Arbeitshefte 149, Speyer 1995

Morath, Konrad (1994): Wirtschaftlichkeit der öffentlichen Verwaltung, Bad Homburg 1994

Naschold, Frieder (1993): Modernisierung des Staates - Zur Ordnungs- und Innovationspolitik des öffentlichen Sektors, Berlin 1993

Naschold, Frieder / Budäus, Dietrich / Jann, Werner (1996): Leistungstiefe im öffentlichen Sektor - Erfahrungen, Konzepte, Methoden, Berlin 1996

Nierhaus, Michael (1996): Kommunale Selbstverwaltung - Europäische und Nationale Aspekte, Berlin 1996

Nilsson, Ragnar (1992): Konzeption eines Outsourcing-Projektes, in: online, 3/1992, S.67-70

Obenhaus, Werner (1992): Informationsmanagement für Führungskräfte und Organisatoren in der öffentlichen Verwaltung, Berlin, Bonn, Regensburg 1992

Oestreich, Harald (1994): Strategien und Strukturen im Spannungsfeld von Politik, Verwaltung und Informationstechnik, in: Plönzke, Klaus C. [Hrsg.]: Auf dem Weg zur öffentlichen Hochleistungsverwaltung (Kongress 07./08.-11.02.1994, Hamburg), Hamburg 1994

Picot, A. / Maier, M. (1992): Analyse- und Gestaltungskonzepte für das Outsourcing, in: Information Management, 4/1992, S.14-27

Quast, Heiko (1994): Der strategische Einsatz der Informationstechnik (IT) zur Effizienzsteigerung der öffentlichen Verwaltung, Berlin 1994

Reichard, Christoph (1993): Internationale Trends im kommunalen Management, in: Kommunale Managementkonzepte in Europa, Köln 1993, S.3-24

Reichard, Christoph (1994a): Umdenken im Rathaus - Neue Steuerungsmodelle in der deutschen Kommunalverwaltung, Berlin 1994

Reichard, Christoph (1994b): Internationale Trends im kommunalen Management, in: Dumont du Voitel, Roland [Hrsg.]: Dienstleistungsunternehmen Stadt - Neue Ansätze und gangbare Wege im kommunalen Management, Nettetal 1994, S.14-20

Reichard, Christoph / Wollmann, Hellmut (1996): Kommunalverwaltung im Modernisierungsschub?, Basel, Boston, Berlin 1996

Reichwein, Dr. Alfred (1994): Anforderungen des Neuen Steuerungsmodells an das Informationsmanagement der Kommunalverwaltung, in: Plönzke, Klaus C. [Hrsg.]: Auf dem Weg zur öffentlichen Hochleistungsverwaltung (Kongress 07./08.-11.02.1994, Hamburg), Hamburg 1994

Reinermann, Heinrich (1988): Neue Informationstechniken - neue Verwaltungsstrukturen?, Heidelberg 1988

Reinermann, Heinrich (1990): Spiratopia: Möglichkeiten der Informationstechnologie für eine 2000 jährige Stadt im Jahr 2000 - Abschlußbericht, Speyer 1990

Reinermann, Heinrich / Kretschmann, Hans-Dieter (1992): Technikinduzierter Strukturwandel in öffentlichen Verwaltungen, Speyer 1992

Reinermann, Heinrich (1994): Die Krise als Chance: Wege innovativer Verwaltungen, Speyer 1994

Rüd Michael / Graßmann, Markus (1995): Das Neue Steuerungsmodell, in: Behörden-Spiegel, Februar 1995, S.11

Scheuermann, H.D. (1994): Informationsmanagement mit integrierter Standard-Software: Eine neue Chance in der Finanzkrise der Kommunen, in: Plönzke, Klaus C. [Hrsg.]: Auf dem Weg zur öffentlichen Hochleistungsverwaltung (Kongress 07./08.-11.02.1994, Hamburg), Hamburg 1994

Schlückhaus, Dr. Ulrich / Habenicht, Helge K. (1995): Kosten- und Leistungsrechnung - Für Kommunen ein unverzichtbares Instrument bei richtiger Anwendung, in: Behörden-Spiegel, Februar 1995, S.12

Schomburg, Susanne (1994): Neue Führungs- und Steuerungssysteme in der Kommunalverwaltung: Chancen, Einführungsstrategien, Widerstände, in: Plönzke, Klaus C. [Hrsg.]: Auf dem Weg zur öffentlichen Hochleistungsverwaltung (Kongress 07./08.-11.02.1994, Hamburg), Hamburg 1994

Schott, Eberhard (1995): Risiken des Outsourcing, in: Berg, Jürgen / Gräber, Horst [Hrsg.]: Outsourcing in der Informationstechnologie, Frankfurt/Main, New York 1995, S.60-81

Schrijvers, Fons: Workshop zum „Neuen Steuerungsmodell" am 21.06.1996 in Frankfurt/Oder

Schüller, Dierk (1992): Juristische Aspekte des Outsourcing, in: Heinrich, Wilfried [Hrsg.]: Outsourcing - Modelle - Strategien - Praxis, Bergheim 1992, S.158-177

Schwarze, Jochen (1995): Strategische Konzeption von Outsourcing-Architekturen, in: VOP (Verwaltung - Organisation - Personal), 1/1995, S.4-9 und 2/1995, S.84-88

Sellmer, Uwe (1994): Wirtschaftlichkeitsaspekte beim Outsourcing, in: Heinrich, Wilfried [Hrsg.]: Lean-Strategien in der Informatik, Bergheim 1994, S.224-140

Simonis, Heide (1996): Verwaltungsreform in Schleswig-Holstein - eine Zwischenbilanz, in: VOP (Verwaltung - Organisation - Personal), Januar/Februar 1996, S.6-10

Sommerlad, Klaus (1995): Vertragsgestaltung beim Outsourcing in der Informationsverarbeitung, in: Köhler-Frost, Wilfried [Hrsg.]: Outsourcing - Eine strategische Allianz besonderen Typs, 2. Auflage, Berlin 1995, S.214-228

Streicher, Heinz (1993): Outsourcing - Arbeitsteilung in der Datenverarbeitung, München 1993

te Reh, Peter (1994): Eckpunkte des kommunalen Informationsmanagements: Grundsatzüberlegungen zur technikunterstützten Informationsverarbeitung in der Kommunalverwaltung, in: Plönzke, Klaus C. [Hrsg.]: Auf dem Weg zur öffentlichen Hochleistungsverwaltung (Kongress 07./08.-11.02.1994, Hamburg), Hamburg 1994

Weingart, Johannes (1987): Wirtschaftlichkeitsanalyse des Einsatzes der Informationstechnik in der Kommunalverwaltung, Speyer 1987

Weyel, H.-H. (1994): Modelle zur Finanzierung der Informationsverarbeitung in der Kommune, in: Plönzke, Klaus C. [Hrsg.]: Auf dem Weg zur öffentlichen Hochleistungsverwaltung (Kongress 07./08.-11.02.1994, Hamburg), Hamburg 1994

Wimmer, Ulla (1995): Verwaltungsreform: Bibliotheken stellen sich der Herausforderung, Berlin 1995

Wolfram, Joachim (1995): Die Kosten- und Leistungsrechnung der Bundeswehrverwaltung mit Standard-Software, in: VOP (Fachzeitschrift für Öffentliche Verwaltung), November/Dezember 1995, S.360

Wütz, Bernhard (1996): Neues Steuerungsmodell schrittweise einführen, in: VOP (Fachzeitschrift für Öffentliche Verwaltung), Januar/Februar 1996, S.11-21

Zundel, Frank (1992): Outsourcing in Wirtschaft und Verwaltung, in: Speyerer Arbeitshefte 94, Speyer 1992

Erklärung

Ich versichere, daß ich die vorliegende Diplomarbeit selbständig verfaßt und keine anderen als die angegebenen Quellen und Hilfsmittel benutzt habe. Die Arbeit hat keiner anderen Prüfungsbehörde vorgelegen.

Berlin, 18.07.1996

Diplom.de

Wissensquellen gewinnbringend nutzen

Qualität, Praxisrelevanz und Aktualität zeichnen unsere Studien aus. Wir bieten Ihnen im Auftrag unserer Autorinnen und Autoren Wirtschafts-studien und wissenschaftliche Abschlussarbeiten – Dissertationen, Diplomarbeiten, Magisterarbeiten, Staatsexamensarbeiten und Studien-arbeiten zum Kauf. Sie wurden an deutschen Universitäten, Fachhoch-schulen, Akademien oder vergleichbaren Institutionen der Europäischen Union geschrieben. Der Notendurchschnitt liegt bei 1,5.

Wettbewerbsvorteile verschaffen – Vergleichen Sie den Preis unserer Studien mit den Honoraren externer Berater. Um dieses Wissen selbst zusammenzutragen, müssten Sie viel Zeit und Geld aufbringen.

http://www.diplom.de bietet Ihnen unser vollständiges Lieferprogramm mit mehreren tausend Studien im Internet. Neben dem Online-Katalog und der Online-Suchmaschine für Ihre Recherche steht Ihnen auch eine Online-Bestellfunktion zur Verfügung. Inhaltliche Zusammenfassungen und Inhaltsverzeichnisse zu jeder Studie sind im Internet einsehbar.

Individueller Service – Gerne senden wir Ihnen auch unseren Papier-katalog zu. Bitte fordern Sie Ihr individuelles Exemplar bei uns an. Für Fragen, Anregungen und individuelle Anfragen stehen wir Ihnen gerne zur Verfügung. Wir freuen uns auf eine gute Zusammenarbeit.

Ihr Team der Diplomarbeiten Agentur

Diplomica GmbH
Hermannstal 119k
22119 Hamburg

Fon: 040 / 655 99 20
Fax: 040 / 655 99 222

agentur@diplom.de
www.diplom.de

www.ingramcontent.com/pod-product-compliance
Lightning Source LLC
La Vergne TN
LVHW092343060326
832902LV00008B/780